오늘 변하지 않으면
더이상 물러설 곳이 없다

STAYING UP, UP, UP IN A DOWN, DOWN WORLD
by Zig Ziglar

Copyright ⓒ 2000 by The Zig Ziglar Corporation
All rights reserved.

Korean Translation Copyrights ⓒ 2014 by Big Tree Publishing Co.
Korean edition is published by arrangement with Thomas Nelson, Inc.
though Imprima Korea Agency.

이 책의 한국어판 저작권은 Imprima Korea Agency를 통해
Thomas Nelson, Inc.와의 독점 계약으로 도서출판 큰나무에 있습니다.
저작권법에 의해 한국 내에서 보호를 받는 저작물이므로 무단 전재와 무단 복제를 금합니다.

오늘 변하지 않으면
더 이상 물러설 곳이 없다

지그 지글러 지음 | 이구용 옮김

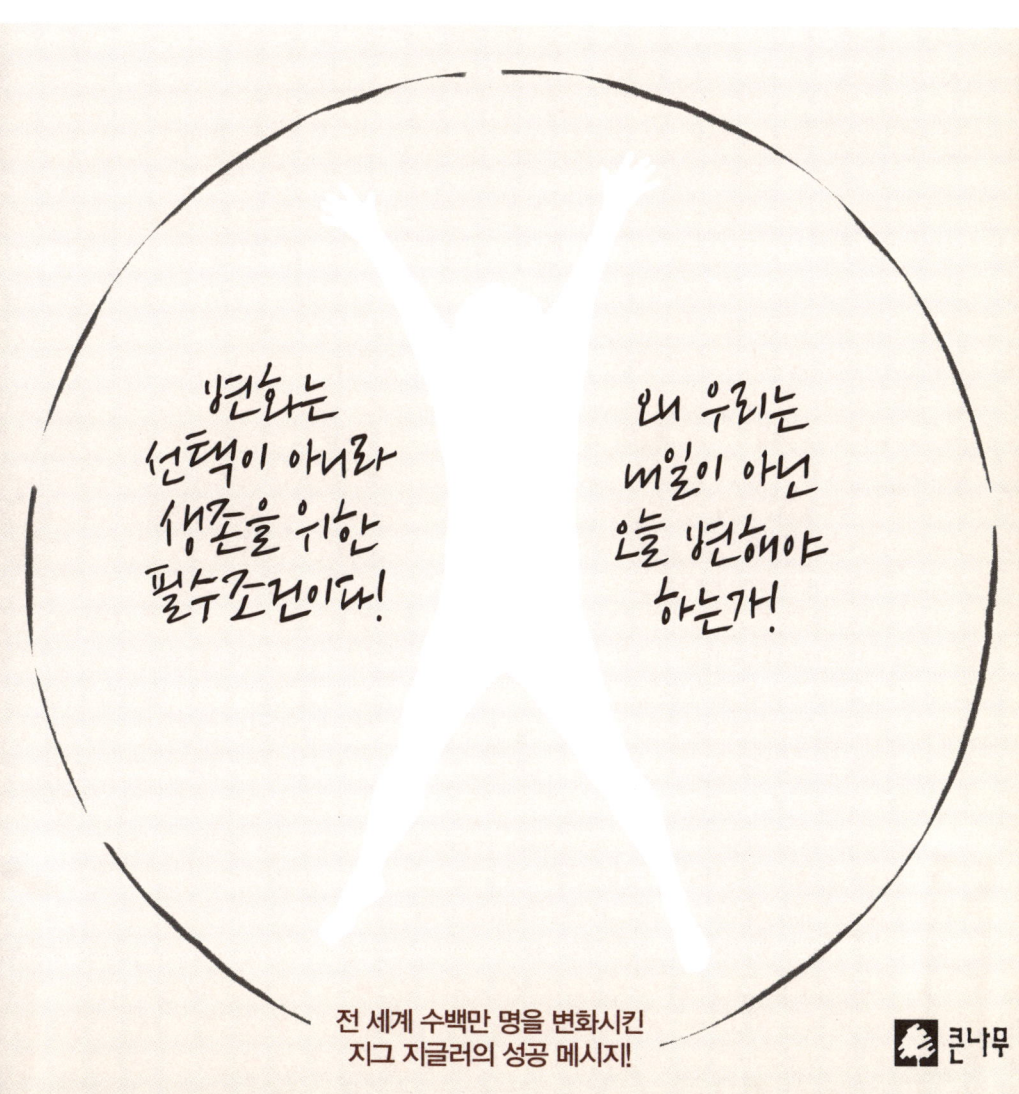

변화는
선택이 아니라
생존을 위한
필수조건이다!

왜 우리는
내일이 아닌
오늘 변해야
하는가!

전 세계 수백만 명을 변화시킨
지그 지글러의 성공 메시지!

큰나무

오늘 변하지 않으면 더 이상 물러설 곳이 없다

초판 1쇄 인쇄 2014년 11월 7일
초판 1쇄 발행 2014년 11월 14일

지은이 지그 지글러
옮긴이 이구용
펴낸이 한익수
펴낸곳 도서출판 큰나무
등록 1993년 11월 30일 (제5-396호)
주소 410-817 경기도 고양시 일산동구 백석동 1438-4
전화 031-903-1845
팩스 031-903-1854
이메일 btreepub@naver.com
블로그 blog.naver.com/btreepub

값 12,000원
ISBN 978-89-7891-290-7 (13190)

이 도서의 국립중앙도서관 출판예정도서목록(CIP)은 서지정보유통지원시스템 홈페이지(http://seoji.nl.go.kr)와 국가자료공동목록시스템(http://www.nl.go.kr/kolisnet)에서 이용하실 수 있습니다.(CIP제어번호: CIP2014029131)

잘못 만들어진 책은 구입하신 서점에서 교환해 드립니다

⚜

존R. 앤더슨을 추모하며

그는 나에게 성실하게 사는 삶을 가르쳐 준 인생의 스승이며 나를
아들로 대해 준 아버지 같은 분이시다.

저자서문

정신과 의사 알프레드 애들러 박사는 "소망은 모든 변화에 근본적인 기능을 한다."고 말했다. 또한 소망은 행동을 이끄는 훌륭한 촉매역할을 한다. 소망이 없는 사람은 종종 용기를 잃고 낙담하며 그 어떤 의미 있는 행위도 적극적으로 행하지 못하고 스스로를 무능하다고 여긴다.

어떤 이는 이렇게 말했다. "인생은 무척이나 '일상적인' 것"이라고. 그 말뜻은 간단하다. 하루하루의 고된 삶은 소망의 살인자이기에 그것을 극복하는 데는 무척이나 많은 장애물이 따른다는 의미이다.

그러나 여기 좋은 소식이 있다. 이제 당신도 도움을 받을 수 있다. 바로 이 책이 그 역할을 하게 될 것이다.

〈오늘 변하지 않으면 더 이상 물러설 곳이 없다〉는 독자 여러분에게 일상의 생활 속에서 소망을 주고 삶의 방향을 제시하며 용기를 주기 위해 쓰여졌다.

하루하루는 바로 우리가 살아가고 있는 전체의 인생 중 일부분이다. 그렇기 때문에 여러분은 소망이 가득한 삶을 누려야 한다. 그렇게 되면 여러분은 보다 더 행복하고, 보다 더 생산적인 삶을 누리게 될 것이다. 그리고 그럴 때 여러분은 소망으로 가득 찬 나날을 보내게 될 것이다.

그렇다고 해서 인생이 탄탄대로가 될 거라는 말은 아니다. 하지만 문제가 생겼을 때나 기회가 다가왔을 때, 여러분이 더 잘 관리하게 될 것이다. 이 접근방법은 간단하다. 그러나 단순하지 않다.

이 책은 매일매일 당신에게 소망과 격려를 주기 위해 쓰여졌다.

지그 지글러

CONTENTS

저자서문

part 1
추락하기 쉬운 세상에서 비상하기

우리가 배웠던 습관 버리기 · 16
미소는 구부러진 것을 곧게 펼 수 있는 힘이다 · 18
선택—웃어야 할까, 울어야 할까? · 20
그건 멋진 게 아냐 · 22
진정한 사랑은 기다린다 · 24
텔레비전을 끄자 · 26
베푸는 자가 더 많이 얻는다 · 28
작은 일 하나가 세상을 바꾼다 · 30
마음은 반드시 전해진다 · 32
나 자신보다 타인을 먼저 섬겨라 · 34
봉사 속에서 자신의 자리를 발견하라 · 36
알코올을 멀리하라 · 38
인생의 하이라이트를 만끽하라 · 40
추락하기 쉬운 세상에서 비상하기 · 42
수요일의 아이 · 44
내가 보고 있지 않다고 생각할 때 · 46

아주 특별한 보상 · 48
미소가 담긴 요구르트 한 잔 · 50
우리가 동물원에서 배울 수 있는 것 · 52
대통령을 이끌었던 110개의 교훈 · 54
마음의 화장을 지워라 · 56
때로는 시대를 역행하라 · 58
삶이란 태도이다 · 60

part 2

현재는 신의 선물이다

더 많이 감사하고 더 많이 표현하라 · 64
참을 수 없는 사소함의 진가 · 66
쓸데없는 걱정 따윈 깨끗이 날려 버리자! · 68
인생과 일의 진정한 팬이 되라 · 70
쾌락+재미=행복(?) · 72
살아남기 위해 적극적으로 포옹해라 · 74
말썽꾸러기 데니스 · 76
바람은 불어야 한다 · 78
현재(present)는 신의 선물(present)이다 · 80
남자와 여자는 다르다 · 82
가족과 함께 규칙적인 식사를 · 84

아빠는 중요해 · 86

우리가 받은 놀라운 선물에 감사하자 · 88

여자의 마음을 얻는 법 · 90

받기 위해서가 아니라 받았기에 베풀어라 · 92

인생에 쉼표를 찍어라 · 94

직장은 장난이 아니다 · 96

내게 다시 한 번 기회가 주어진다면 · 98

내 인생의 우선순위는 무엇인가 · 100

part 3

자신의 말을 보증수표로 만들어라

윤리 혹은 성실의 딜레마 · 104

시간을 만들어라 · 106

승진하는 방법 · 108

개성 · 110

고결한 원칙을 따라라 · 112

우리를 드러내는 방식 · 114

친절하다는 것은 잘하는 일이다 · 116

자신의 의사를 명확하게 표현하라 · 118

여성은 신뢰할 만하다 · 120

상식과 예의범절이야말로 중요하다 · 122

인생에 대한 진실한 서비스 · 124

자신의 말을 보증수표로 만들어라 · 126

최고의 가르침 · 128

기도하는 손 · 130

긍정적인 태도는 긍정적인 결과를 낳는다 · 132

우리가 알지 못한 대중연설의 유용성 · 134

사람이 가장 중요하다 · 136

인격의 중요성 · 138

올바른 선택을 해라 · 140

part 4

목표를 높게 잡아라, 그리고 시도해라!

너 자신이 되라 · 144

사랑의 눈으로 바라보라 · 146

계산된 위험에 몸을 던져라 · 148

고결하게 생활하고 행동하라 · 150

목표를 높게 잡아라, 그리고 시도해라! · 152

누가 만든 기적인가 · 154

유머와 독창성을 잃지 말아라 · 156

절대적인 도덕은 분명히 있다 · 158

자신의 자리를 지켜라 · 160

질문이 바로 해답이다 · 162
그가 할 수 있다면, 당신도 할 수 있다 · 164
기회의 시계에 깨어나라 · 166
성공, 그것은 당신에게 달려 있다 · 168
나는 무엇보다 중요하다 · 170

part 5

행동이 변화를 가져온다

중요한 것은 어디로 가는가이다 · 174
사소한 것에 목숨 걸지 말라 · 176
부자 아빠와 가난한 아빠 · 178
공평하게 부여받은 의지 · 180
행동이 변화를 가져온다 · 182
525,600분 · 184
성공의 씨앗을 심어야 성공의 열매를 맺는다 · 186
희소식 - 당신도 변할 수 있다 · 188
긍정적으로 사고하라 · 190
살을 빼지 말고 삶의 방식을 바꿔라 · 192
변화만이 살 길이다 · 194
원하는 것 vs 해야 하는 것 · 196
청교도인을 본받자 · 198

'준비'가 가져다 준 웃음 · 200
서로의 얼굴을 마주 보며 웃어라 · 202
본래의 의도를 잃지 말라 · 204
성공으로 향하는 좁은 길 · 206
남을 돕는 것은 결국 남는 장사 · 208
도저히 믿어지지 않는 이야기 · 210
젊은 가슴으로 살아라 · 212
웃음을 잃어서는 안 된다 · 214
무엇을 하기에 너무 늦은 나이란 없다 · 216
삶의 기회는 스스로가 만드는 것이다 · 218
불운은 행운이 될 수도 있다 · 220
내가 성공할 수밖에 없는 이유 · 222

역자 후기

Staying Up, Up, Up in a Down, Down World

part 1

추락하기 쉬운 세상에서 비상하기

우리가 배웠던 습관 버리기

Staying Up, Up, Up in a Down, Down World

우리는 일단 학습된 것을 쉽게 잊어버리거나 없앨 수 없다.

그러나 이 말을 오해해서는 안 된다. 쉽게 버릴 수 없다는 것이 전혀 없앨 수 없다는 말은 아니다. 하지만 때때로 '버리기'는 '배우기'보다 더 힘들고 어려울 수 있다.

예를 들어 약물이나 알코올은 배우기 쉽다. 그러나 일단 중독 되고나면 버리기가 쉽지 않다. 악습은 쉽게 체득되나 버리기 어렵고, 힘들게 얻은 좋은 것은 조금만 실수해도 여지없이 사라진다.

문제는 오늘날 대다수 사람들이 결단코 버려야 할 많은 것들을 너무 쉽게 배우고 있다는 사실이다. 14개 명문 대학의 시험 중 부정행위에 대한 돈 맥카베 교수(럭거스 대학)의 연구 결과만 봐도 이 사실은 명백해진다. 1990년, 학생들의 부정행위 비율은 24%였으나 5년 뒤인 1995년에는 30%로 상승했다. 맥카베 교수는 이 결과를 두고 '실망스럽다'라고 평가했다.

여기 인생의 부정행위를 줄일 수 있는 두 가지 방법이 있다.

첫 번째로 무엇보다도 부모는 약 다섯 살 무렵까지 한 인간의 인격의 80% 가량이 형성된다는 사실을 인지하고, 언제나 가정교육에 최선을 다해야 한다. 부모가 먼저 일관성 있는 성실한 생활 자세를 보인다면 아이들 역시 고스란히 그런 모습을 배울 것이다. 아이는 부모의 거울이다.

두 번째로 모든 이들이 인생에 대한 도덕적인 접근방법을 갖도록 사회적 교육 제도 또한 그 책임을 다해야 한다.

캘리포니아 주에 있는 토마스제퍼슨리서치센터의 보고서에 따르면 모든 위대한 문명과 종교에는 다음과 같은 공통적인 요소가 있었다고 한다. 그것들은 지혜, 성실성, 사랑, 자유, 정의, 용기, 겸손함, 인내, 근면, 절약, 관대, 객관성, 협동, 중용, 낙관주의 같은 것들이다.

나는 여기다 책임감과 상호의존성을 더 덧붙이고 싶다.

이 모든 것들을 어린 시절부터 가르치고 교육 체계 안에서 강화시켜 나간다면, 나는 우리 아이들이 정직하고 올바른 어른이 될 것이라고 확신한다.

그것은 진정 아이들에게 정상으로 나아갈 수 있는 최선의 기회를 제공하는 것이다.

> ## 미소는 구부러진 것을
> ## 곧게 펼 수 있는 힘이다
> Staying Up, Up, Up in a Down, Down World

중국의 한 농부가 바닷가 언덕 꼭대기에 있는 자신의 논에서 열심히 일을 하고 있었다. 잠시 허리를 펴고 쉬려던 찰나, 농부는 바닷물이 해안에서부터 신속하게 휩쓸려 나가는 것을 보았다. 바닷물은 마치 먹이를 보고 덤벼드는 성난 짐승 같은 파도를 일으키며 순식간에 밀려 나갔다.

순간, 그는 그렇게 밀려나간 바닷물은 바로 거대한 해일이 되어 덮쳐올 것임을 본능적으로 깨달았다. 농부는 해안 근처의 논에서 일하고 있는 이웃들을 바라보았다. 그들을 살리려면 언덕 위로 도망치게 해야 했다. 하지만 뛰쳐내려가 일일이 알릴 시간이 없었다.

그래서 그는 자기 논에다 불을 질렀다. 불은 멀리에서도 잘 보였기에 해안 근처에서 일하던 이웃들은 전부 다 일어난 불길을 보고 그를 돕기 위해 달려왔다. 그리고 언덕 꼭대기의 안전한 지대에 도착했을 때에야 비로소 자신들을 집어삼킬 듯이 바로 뒤를 쫓아온 해일을 보게 되었다. 해일은 그들이 방금 떠나온 논밭을 순식간에 삼켜 버렸다. 이웃들은 농부가 자신의 논을 희생하는 대가를 치른 덕분에 자신들이 목숨을 건졌다는 사실을 알게 되었다.

우리가 현재 누리고 있는 많은 것들은 다 그만큼의 대가를 치른 것들이다. 오늘날 당연하게 누리고 있는 것들에 대해 진지하게 생각해 본 적이 있는가? 또한 우리를 위해 희생한 사람들에게 그들의 공로를 인정하는 감사의 편지나 전화 한 통을 한 적이 있는가?

때때로 미소처럼 정말 단순한 작은 것이 놀라운 결과를 불러오기도 한다. 당신이 누군가에게 미소를 지으면, 그 사람 또한 미소로 답할 것이다. 정말 절실하게 미소를 원하면서도 언제나 찡그리고 있는 사람들 역시 당신에게 미소로 답할 것이다. 그들은 미소 짓는 순간 즐거워지고, 당신으로부터 비롯된 그 미소에 고마워할 것이다.

미소는 구부러진 것들을 곧게 펼 수 있는 힘이다. 지금 당장 시도해 보라. 세상은 당신의 미소에 정당한 대가를 가져다 줄 것이다.

선택 – 웃어야 할까?, 울어야 할까?

Staying Up, Up, Up in a Down, Down World

TV 출현을 위해 플로리다를 방문했던 기간 중 경험한 사건이다. 첫날 나는 거의 9시가 다 되어서야 호텔에 도착하여 여장을 풀 수 있었다. 그런데 테이블 위의 전등불이 켜지지 않았다. 새 전구로 바꿔 끼워도 마찬가지였다. 전등에만 신경 쓰고 있기에는 다른 할 일들이 너무 많아 침대 옆 전등을 적당히 이용하기로 마음먹었다. 그런데 커피메이커도, 에어컨도, 심지어 TV까지도 고장이었다!

나는 종업원을 불러 다른 방으로 바꿔 달라고 요구했다. 그는 친절하게 웃으며 즉시 기술자가 모든 것을 완벽하게 고쳐줄 것이라고 대답했다. 잠시 후, 믿음직해 보이는 기술자가 와서 여기저기 살펴보더니 필요한 부품이 없다는 것이었다. 그는 부품을 가져와야겠다며 방을 나갔다.

얼마간의 시간이 그냥 그렇게 흘렀다. 이만하면 충분했다.

나는 다시 다른 방을 요구했고 잠시 후 다른 방이 준비되었다는 안내 전화를 받을 수 있었다.

나는 얼른 짐을 꾸리고 데스크에서 새 열쇠를 받아 든 후 다른 방으로 향했다. 그런데 새 방 열쇠가 맞지 않는 것 아닌가! 결국 기술자를 다시 불러 그가 가진 마스터 열쇠로 방문을 열었다. 완전히 지쳐 버린 나는 짐도 정리하지 않은 채 텔레비전을 틀었다. 하지만 불운은 다 끝난 게 아니었다. 텔레비전이 소리는 나오지 않고 화면만 나왔다.

이런 일련의 사태 후 나는 어떤 태도를 취해야 할까? 웃어야 할까, 아니면 울어야 할까? 사실 삶이 이 정도 도전을 해올 때 목숨의 위협을 느끼는 것은 아니었다. 다행히 침대는 편안해 보였고 샤워기, 전화기, 에어컨, 커피메이커도 잘 작동되었다. 그래서 나는 웃기로 결정했다.

다음날 볼일을 마치고 호텔로 돌아온 나는 방문에 이런 팻말이 붙어 있는 것을 보았다.

'저희는 세계 20대 호텔 안에 드는 국제적인 호텔입니다.'

나는 호텔의 시설을 바꿀 수 없다. 그래서 내 기분을 상하지 않게 하기 위해 그냥 웃기로 했다. 그것은 올바른 선택이었다.

자신에게 일어난 모든 일을 어떻게 다룰지 결정하는 게, 바로 인생을 어떻게 사느냐를 결정짓는다는 걸 이해한다면 당신 역시 긍정적인 선택을 할 수밖에 없을 것이다.

그건 멋진 게 아냐

Staying Up, Up, Up in a Down, Down World

어린 시절 내가 본 영화에서는 종종 술에 취한 사람을 대단히 재미있고 심지어 매력적인 사람으로까지 묘사했다. 그때나 지금이나 몸을 못 가눌 정도로 술을 마시는 것을 너무 가볍게, 더 나아가 유쾌하고 사교적인 모습으로 묘사하는 경우가 많다.

광고를 보면 이 사회가 지금 술에 대해 어떻게 생각하고 있는지를 명확히 알 수 있다. 그런 광고들은 맥주나 포도주를 마시지 않으면 '멋진 인생'을 즐기며 살 수 없는 것처럼 유도하고 있다. 하지만 술을 마시고 취하는 일은 결코 재미있는 일이 아니다.

보건·과학 기자 메기 폭스는 알코올의 폐해를 정확하게 지적하고 있다. 그녀는 15세 이전에 술을 마신 사람과 21세 이후에 술을 마신 사람을 비교해 보았을 때, 전자가 후자보다 알코올 중독자가 될 확률이 네 배나 높다고 한다. 여기에 덧붙여 의학박사 포레스트 터난트는 술을 마시기 시작한 연령이 낮으면

낮을수록 심각한 문제가 더 많이 발생한다고 말한다.

그러니 청소년에게 술 마시는 법을 가르쳐야 한다는 생각은 잘못이다. 그보다는 술을 마시지 않는 법을 가르치는 것이 훨씬 더 나은 생각일 것이다!

다른 조사에 따르면, 13세 때부터 술을 마시기 시작한 사람은 알코올 중독자가 될 확률이 무려 25% 이상이라고 한다. 만약 가족 중에 알코올 남용자가 있었다면 이 수치는 58%로 높아진다. 당신이 21살 때까지만 술을 마시지 않는다면 알코올 중독자가 될 확률은 '불과 10%'로 낮아진다.

불과 10%! 이 말은 우리의 젊은이들이 열 명 중 한 명꼴로 술의 정글에 빠져 인생을 끝장낸다는 의미이다. 그리고 그 10%에 당신의 아들이나 딸, 사랑하는 사람이 들어간다면 그 수치는 당신에게는 100%로 다가올 것이다.

고무적인 일은 최근 알코올 소비량이 많이 줄어들고 있다는 사실이다. 또한 알코올과 밀접한 관계가 있는 원치 않는 임신, 에이즈에 노출 될 수 있는 위험한 성행위, 그밖에 성적으로 전염되는 다른 질병도 줄어들었다.

이 이야기를 아이들이 읽을 수 있도록 화장실 거울 옆에 붙여 두어라. 혹시 아는가, 이 작은 행위가 당신의 가족을 비극으로부터 구원해 줄지…….

진정한 사랑은 기다린다

Staying Up, Up, Up in a Down, Down World

최근 들어 남녀를 불문하고 십대들 사이에 순결이란 특별하고 소중한 것이라는 인식이 확대되고 있다. 〈생의 전성기〉 특별호에서 다이안 소이어는 혼전 성관계를 경험한 십대들과의 인터뷰를 통해, 그들은 순결을 지키지 못한 자신의 선택을 후회하고 있다는 결론을 도출해 냈다.

〈보스턴 글로브〉 지의 기사에 따르면 고등학교 양호 교사인 도너조지는 최근 들어 '난 아직 그럴 준비가 안 됐어.'라고 당당하게 큰 소리로 주장하는 여학생들의 말을 자주 듣게 되었다고 한다. 불과 몇 년 전에는 상상도 못했던 말이다.

한편 여러 종교 단체에서는 '진정한 사랑은 기다린다'는 캠페인을 전개하고 있다. 이 운동을 통해 수만 명의 십대들이 결혼하기 전까지 성적인 접촉을 하지 않고 기다리겠다는 순결서약을 했다. 더불어 이미 섹스를 경험한 십대들마저 정말로 마음에 드는 배우자를 만나기 전까지 다시는 섹스를 하지 않겠다는 서약에 동참하고 있다.

오늘날 많은 사회 지도자급 인사들이 혼전순결을 장려하는 강연을 하고 있다. 이들은 학생들이 자신들의 관계를 스스로 조절할 수 있을 만큼 성숙해질 때까지 섹스를 하지 않음으로써 평생을 함께 할 반려자에게 서로의 가장 귀중한 것을 선물로 줄 수 있는 행복에 대해 강연한다.

나는 이런 움직임이 젊은이들에게 좀더 확실하게, 더욱 굳건히 뿌리내리기를 바란다. 이것은 우리 인생에서 중요한 의미와 성취를 선사하는 훨씬 안정적이고 확실한 방식이기 때문이다.

텔레비전을 끄자

Staying Up, Up, Up in a Down, Down World

1998년 4월 12일 자 〈파라다이스 매거진〉에는 일주일 동안 텔레비전 켜지 않기 운동을 했을 때 발생한 이익에 관해 흥미 있는 자료가 제시되어 있다.

우선 텔레비전 주변에 리본을 매어 놓아 가족들에게 접근 금지 구역임을 상기시켰다. 이렇게 했을 때 맨 처음에는 많은 어린이들이 '그건 미친 짓이에요!'라며 반발하기도 했지만, 아이들은 의외로 한 주일을 잘 견뎌냈다. 그렇게 텔레비전을 전혀 접하지 않은 한 주가 지난 뒤, 사람들은 일주일 동안 자신들이 믿기 힘든 혜택을 누렸음을 깨달았다. 그 동안 텔레비전이 가족과 이야기할 시간, 책 읽을 시간, 운동할 시간, 그리고 보다 창조적인 사고를 할 시간 등을 방해해 왔던 것이다.

전국 텔레비전 끄기 주간은 1995년, '텔레비전 없는 미국'이라는 비영리단체의 공동 설립자 헨리 래밤에 의해 시작되었다.

오늘날 미국의학협회와 어린이보호기금과 같은 조직들이 이 운동에 합류하고 있으며 미국문맹퇴치 자원봉사자들의 후원을 얻어 전국 5만여 개 학교에서 실시되고 있다.

뉴욕 주 브롱스 소재의 공립학교장 에스터 포레스트는 텔레비전을 지나치게 많이 보게 되면 학생들의 학업능력에 손상이 오고 주의력도 상당히 떨어진다고 말했다. 또한 위스콘신 대학의 신입생 리사 헨드릭스는 "학교생활이나 운동, 그밖의 다른 활동을 잘했던 사람들은 실제로 한결같이 텔레비전을 보지 않았어요."라고 말한다.

래밤은 TV 시청에도 장점이 있다는 사실은 부인하지는 않는다. 그러나 그는 "텔레비전을 *끄*게 될 때, 비로소 우리는 경이로운 진짜 세계를 발견하게 된다."는 사실을 힘주어 주장한다.

베푸는 자가 더 많이 얻는다

Staying Up, Up, Up in a Down, Down World

때때로 '재주꾼'이라는 표현은 어떤 사람에 대한 최대의 찬사가 되기도 한다. 이는 그 사람이 자기 과제나 연구에 열정적으로 임한다는 뜻을 내포하고 있기 때문이다.

나는 이런 재주꾼들에게서 많은 동기를 부여받는다. 하지만 내가 가장 감동받는 사람은 바로 베푸는 이들이다. 그렇기 때문에 그 동안 내가 구축해 온 사업 철학 또한 '다른 사람들이 원하는 것을 충분히 가질 수 있도록 그들을 돕는다면 나 또한 인생에서 원하는 모든 것을 가질 수 있다.'는 개념을 바탕으로 한다.

노벨 평화상을 수상한 엘리 비젤 박사는 이렇게 말했다.

"내 인생을 지배해 왔던 원칙은 내가 받은 것을 다른 사람과 함께 나누며 되돌려주는 것입니다. 자신이 터득한 지식을 두뇌 속에 가둬 두지 말고 사람들과 함께 나눠야 합니다. 나는 언제나 나에게 주어진 모든 것을 사람들과 함께 나누고 사회에 환원해야 할 필요성을 절실히 느낍니다. 우리는 그런 마음을 '감사하는 마음'이라고 부릅니다."

우리들 대부분은 우리가 살고 있는 이 세상을 좀더 낫게 변화시키고 싶어한다. 그렇기에 우리는 자녀들에게 올바른 삶의 태도와 생활방식을 가르치고 종교와 교육 등을 통해 좀더 나은 세상이 되도록 노력한다.

하지만 종종 우리는 우리에게 주어진 모든 것을 당연하게 여기거나 혹은 우리가 받은 것들을 다시 베풀어야 할 의무를 부인하기도 한다.

이는 실로 불행한 일이다. 다른 사람을 위해 베푸는 사람들이야말로 베풂을 받아들이는 사람보다 행복하다.

다른 사람들에게 관대하라. 당신은 그로 인해 많은 혜택을 얻게 될 것이다. 이것은 절대 상투적인 격언이 아니다. 막상 친구를 찾아 나서면 찾기 힘들지만, 당신이 먼저 누군가의 친구가 되어 준다면 모든 사람들이 당신의 친구가 될 것이다.

작은 일 하나가 세상을 바꾼다

Staying Up, Up, Up in a Down, Down World

우리 사회에는 무수한 모순들이 언제나 서로 충돌하고 있다. 범죄가 줄어들고 있다는 통계 수치가 제시되는가 하면, 신문과 텔레비전을 통해 전국 각처의 학교에서 계속해서 총기 사고가 일어난다는 뉴스를 접하고 있다. 경제가 과거보다 호전되었고 역사상 실업률이 가장 낮아졌다고 하는가 하면, 한편으로는 20~30년 전보다 가난한 사람들은 더욱 늘어났다고 한다. 또한 과학 기술은 우주여행도 가능할 정도로 비약적으로 발전해 많은 문제들을 해결하고 있지만 그 만큼 많은 비극적인 소식이 끊임없이 들려온다.

대관절 이게 다 무슨 일인가?

불행히도 오늘날 우리의 대중매체와 음악은 폭력을 찬미하고, 무책임한 섹스를 선동하고 있다. 부지불식간에 우리의 삶은 이런 악습에 물들어 가고 있다. 모든 가정과 학교는 신념이 행동을 결정하기에 윤리적이고 도덕적인 가치를 교육해야 한다.

만약 학교에서 십계명을 교실 벽에 붙여 두고 학생들에게 가르쳐 왔다면 과연 그런 치명적인 총기난사 사건이 일어났을까?

별일 아닌 듯하지만 십계명을 붙여 놓는 그 작은 일 하나만으로도 십대들이 파괴적인 무기를 가지고 무력하고 무고한 사람들에게 총질을 하는 일은 극적으로 줄일 수 있었을 것이다. 또한 학교와 가정에서 끊임없이 고전적 가치들을 교육하고 지킨다면 분명 이런 비극은 예방될 것이라고 나는 확신한다.

마음은 반드시 전해진다

Staying Up, Up, Up in a Down, Down World

코 안의 모세혈관이 터져 이틀 동안 출혈로 고생한 나는 장대비가 퍼붓는 궂은 날씨임에도 불구하고 아내와 함께 이비인후과 전문의 존 허드넬 박사를 찾아갔다.

병원에 도착해 진료카드를 작성한 후 차례를 기다리는 동안, 나는 박사와 다른 환자의 대화를 듣게 되었다. 그는 친절하고 부드러웠으며 진심을 다해 환자를 대했다. 내 진찰 순서가 되자 역시 박사는 정중하고 진지하게 내 코의 문제점을 조목조목 설명해 주었다. 그리고 필요한 모든 시술을 마친 후 다시 한 번 세심하게 주의사항을 일러준 다음, 유쾌하게 작별을 고했다.

나는 이런 허드넬 박사의 시술이야말로 단순한 치료가 아닌 궁극적으로 모든 것을 치유하는 행위라고 믿는다. 병은 째고 꿰매는 등의 의료 기술에 의해 낫는 것만큼이나 분명 마음의 치료에 의해서도 치유된다.

심장병 전문의 랜돌프 버드 박사는 심장병 환자 393명을 대상으로 한 연구 조사를 통해 이 사실을 입증한 바 있다. 버드 박사는 먼저 환자를 두 팀으로 나눈 뒤, 한 팀은 본인은 모르지만 그들을 위해 기도해 주는 사람을 만들어 주었다. 결과적으로 기도해 주는 사람이 없는 환자들에 비해 기도해 주는 사람이 있는 환자들의 사망률이 더 낮게 나타났다. 또한 항생제나 이뇨제와 같은 약물 처방과 자동산소호흡기 등의 기계 의존율도 점차 낮아졌다.

이런 결과를 이론적으로 뒷받침해 줄 유사 사례들은 많다. 여기서 주목해야 할 메시지는 우리가 전혀 의식하지 못한다 해도 기도의 힘은 어김없이 발휘된다는 사실이다. 당신이 종교인이든 비종교인이든 기도의 힘은 실로 위대하게 작용해 당신의 마음이 분명 상대에게 전달될 것이다.

그러니 당신과 당신의 가족들을 위해 끊임없이 기도해라.

비오는 우울한 날에 나는 허드넬 박사의 친절로 세상이 밝아짐을 느꼈으며 병도 싹 나은 듯했다. 이렇듯 마음은 우리의 건강 상태를 결정짓는 근 요인이다.

나 자신보다 타인을 먼저 섬겨라

Staying Up, Up, Up in a Down, Down World

사우스웨스트 항공사 사보의 최근 호에 요즘 미국에서 가장 성공적인 기업가 중의 한 사람이자 컴퓨터 업계의 거물인 마이클 델에 관한 기사가 실렸다. 그 기사에서 델은 자신과 직원들이 고객들과 독특한 관계를 갖고 있는 것이 바로 회사의 성공 요인이며, 그로 인해 자신의 회사는 앞으로도 계속 번창할 것이라고 밝혔다.

그는 이렇게 말했다.

"고객들이 원하는 것에 지속적으로 관심을 기울이고 그들에게 의미가 있으며 월등한 가치를 전해 주는 제품과 서비스를 제공하는 한, 우리는 계속 번창할 겁니다."

실제 세계 PC 시장이 마이너스 성장의 늪에서 헤매고 있음에도 델 컴퓨터 사는 선전을 계속하고 있다.

마이클 델의 주장은 우리 모두가 알고 있다시피 분명 새로운 개념이나 아주 독창적인 생각이 아니다. 문제는 최근 너무도 많은 사람들과 회사들이 이 서비스 정신을 잃어 가고 있다는 사실이다. 오래 전 헨리 포드가 말했던 것처럼 정말로 뛰어난 서비스를 제공하고 고객들에게 진정으로 관심과 애정을 쏟는다면 이익은 놀라울 정도로 늘어난다.

2천 년 전, 예수는 '너희 중에 모두를 섬기는 사람이 가장 큰 자가 되리라.' 라고 말씀하셨다. 다른 사람의 감정과 필요를 우리 자신의 것보다 우선시할 때, 오히려 우리의 필요가 충족되는 것을 경험해 본 적이 있을 것이다.

올바른 일을 하고 좋은 일을 하는 사람들이야말로 비즈니스에서 가장 성공한 사람들이며, 동시에 최대한의 행복을 영위하는 삶을 사는 사람들이다.

봉사 속에서
자신의 자리를 발견하라
Staying Up, Up, Up in a Down, Down World

1997년 12월 30일, 오랜만에 우리 부부는 딸 부부 내외와 동반하여 홀리 레이크에 있는 별장에 쉬러갔다. 그런데 배관에 약간의 문제가 발생해 안방에 있는 욕실 샤워기의 수도꼭지가 고장 나 있었다. 건축과 배관뿐만 아니라 매사에 손재주가 있는 사위 리처드가 자진해서 수도꼭지를 고치겠다고 나섰다. 그래서 사위와 나는 수리에 필요한 부품을 사기 위해 텍사스 주 테일러로 차를 몰았다. 하지만 때는 연말휴가 기간이었기에 우리는 좀처럼 필요한 부품을 살 수가 없었다.

그때 누군가가 댈러스의 해밀턴 배관 대리점에 여러 가지 배관 문제에 관한 전문가가 있다고 말해 주었고, 우리는 즉시 해밀턴 배관 대리점을 찾아 나섰다. 그곳의 전문가들은 부품만 파는 게 아니라 직접 봐주겠다며 우리와 함께 동행했다. 그리고 곧바로 수리 작업에 들어가서는 수도꼭지를 완벽하게 고쳐

주었다.

이 모든 일에 대한 비용은 부품 가격에 불과한 단돈 7달러였다!

그들은 110마일이나 떨어진 곳에서 찾아온 우리들을 마치 오랫동안 보지 못한 사촌을 다시 만난 것처럼 대해 주었다. 우리 집을 방문하지 않았더라면 그들은 오히려 경제적으로 훨씬 더 이익을 보았을 것이다. 그럼에도 불구하고 그들은 우리의 일을 자기 일처럼 돌봐주었다.

해밀턴 배관 대리점 사람들이야말로 자신의 일을 즐기며 기꺼이 모든 서비스를 제공하려는 사람들이다. 그들은 좋은 서비스란 무엇인가를 충분히 이해하고 있으며, 무엇보다 그것을 몸소 행하고 있다.

"진정으로 행복해질 수 있는 권리를 가진 사람은 봉사하는 법을 찾고 발견했던 사람들이다."라고 앨버트 슈바이처 박사는 말했다.

또한 헨리 밀러는 이렇게 말했다.

"성공하고 싶다면 봉사하라. 그것이야말로 우리 인생에 있어 불변의 법칙이다. 위대한 봉사자, 베푸는 자가 되어라. 그것이 바로 당신을 성공으로 이끄는 왕도이다."

주어라, 그러면 다시 당신에게 되돌아올 것이다!

알코올을 멀리하라

Staying Up, Up, Up in a Down, Down World

1997년 12월 〈뉴잉글랜드 의학 학회지〉는 30세에서 104세에 이르는 5십 만 명의 남녀를 통해 음주 습관과 질병 발생률에 관한 최대의 연구를 완성했다. 15년에 걸쳐서 이뤄진 이 연구는 하루에 한 잔의 술을 마시면 50세 이상의 사람들에게 심장마비가 일어날 확률을 40%나 감소시킨다는 긍정적인 측면을 밝힌 바 있다.

그러나 이 연구는 알코올의 부정적인 측면도 지적하고 있다. 알코올은 칼로리가 높고 영양은 거의 없기 때문에 건강을 해치고 살이 찌게 한다. 또한 술을 마시는 많은 이들은 결코 자신이 취하도록 마셨다는 것을 알지 못하고 계속해서 마신다. 오직 소수의 사람들만이 자제하며 술을 마신다. 그리고 술을 마시면서 동시에 담배를 피우면 술에서 얻을 수 있는 그나마 모든 이익조차 상실된다.

앞서 언급했던 것처럼 이 연구는 알코올이 심장에 좋은 영향을 미친다고 발표했는데, 이는 알코올이 좋은 콜레스테롤 수치를 올려줌으로써 심장을 보호하기 때문이라고 한다. 그러나 올바른 식단과 운동 그리고 보조 약제를 이용하면 똑같은 효과를 얻을 수 있다. 또한 알코올은 혈액이 응혈을 형성하는 경향을 감소시킴으로써 심장을 보호하기도 한다. 그러나 이것 역시 아스피린을 복용해 얻는 효과와 같다.

오랜 음주는 간과 뇌를 상하게 하며 자동차 사고, 가정 파괴, 가정 폭력의 주된 원인이다. 그리고 간경화 및 입, 식도 등의 암 발병률을 높인다. 알코올이 가져다주는 이점이 아무리 대단하고 엄청난 것일지라도 알코올로 인해 야기되는 한없이 파괴적인 결과와는 비교조차 할 수 없다.

그렇기 때문에 지금까지 밝혀진 알코올의 몇몇 이점들은 결코 술을 마시는 정당한 사유나 변명거리가 될 수 없다.

알코올을 멀리하라, 그러면 이 미끄러져 추락하기 쉬운 세상에서 기세등등할 수 있는 훨씬 더 나은 기회가 다가올 것이다.

인생의 하이라이트를 만끽하라

Staying Up, Up, Up in a Down, Down World

어느 날, 아내와 나는 식사를 하러 레드 랍스터 레스토랑으로 들어갔다. 타이완 출신 여종업원 스텔라가 다가와 우리를 정말 반갑게 맞이하면서 자리로 안내해 주었다.

그녀의 친절은 그날의 첫 번째 하이라이트였다!

뉴욕에서 이주해 온 이래, 십년간 이 음식점에서 일한 스텔라는 잠시 동안 빨강머리^{내 아내}와 유쾌하고 다정한 대화를 교환하였다.

이것이 그날의 두 번째 하이라이트였다!

그녀는 담당 서버 마이라가 우리 시중을 들어줄 거라고 말했고 잠시 후 우리에게 다가온 마이라는 상냥하게 주문을 하겠냐고 물어 보았다. 마이라는 친절하게 우리의 식사를 준비해 주었고, 음식은 정말 맛있었다.

그것이 그날의 세 번째 하이라이트였다!

식사를 마치고 레스토랑에서 나온 아내와 나는 잠시 식료품점에 들렀다. 가게에 들어서면서 우리는 또다시 미소 짓게 되었다. 수지라는 젊은 여종업원[그녀의 이름은 재킷에 쓰여 있었다]이 우리에게 다가오기에 우리는 그녀에게 친근히 인사를 건넸었다. 그러자 그녀는 그 누구보다도 큰 함박웃음으로 우리의 인사에 답하였다. 그녀의 웃음은 우리 부부가 보낸 관심과 친절을 기쁘게 맞아들였으며 무엇보다 우리를 제대로 인정함을 드러내었다. 미소는 우리 모두를 행복하게 만들었다.

  그리고 그것이야말로 그날의 네 번째 하이라이트라 할 수 있다!

  그날의 사소하지만 마음 훈훈하게 해주는 네 번의 하이라이트는 진정 우리를 아름다운 사람으로 느끼게 만들었다.

  사람들을 만날 때, 당신이 먼저 그들에게 친절하고 상냥한 모습으로 다가가라. 당신이 먼저 다정하고 우아하게 사람들을 대한다면 그들 역시 당신에게 똑같이 대할 것이다.

추락하기 쉬운 세상에서 비상하기

Staying Up, Up, Up in a Down, Down World

많은 사람들이 어떤 것의 작은 한 부분이 우리에게 좋다는 이유만으로, 그것이 많으면 많을수록 좋을 것이라고 쉽사리 믿어버린다. 때때로 이것은 맞는 말이기도 하지만 틀리는 경우 또한 허다하다.

예컨대 수영을 전혀 할 줄 모르는 사람이 물에 빠졌을 때, 그에게 밧줄 한 쪽을 던져 주는 것은 그를 구조하는 방법이 될 수 있다. 그러나 이 밧줄의 양끝을 모두 던진다면 절대로 그를 구조할 수 없다. 또 다른 예로 하루 2마일 정도 조깅을 하는 것은 몸에 좋지만 10마일을 조깅하면 오히려 역효과가 나는 사람도 있다. 마찬가지로 하루 한 번 먹어야 할 약을 그 효능이 두 배로 늘어날 거라는 잘못된 생각에 두 번 복용한다면 과연 어떤 사태가 벌어지겠는가?

바로 이런 종류의 사고방식이 재난을 불러들인다.

그렇다고 해서 과한 게 항상 나쁜 것만은 아니다. 약간의 친절과 배려보다 더 많은 친절과 배려가 훨씬 더 좋다는 사실에는 그 누구도 이의를 제기하지 않을 것이다. 또한 하루 20분의 독서보다 한 시간의 독서가 더 좋다.

이런 경우 무엇보다 상식과 전문가의 조언이 필요하다.

1972년, 나는 에어로빅계의 유명 인사인 켄 쿠퍼 박사에게 분별 있는 식사와 운동 프로그램에 관한 조언을 받은 바 있다. 그는 나에게 연구에 기초한 건전한 프로그램을 시작하라고 충고했고, 나는 그의 조언을 따랐다. 그리고 25년이 지난 지금 그 많은 세월이 흘렀음에도 나는 그때보다 오히려 훨씬 더 건강한 상태가 되었다.

여기서 상식과 함께 갖춰야 할 또 하나의 중요한 것이 균형이다. 인생이 주는 즐거움을 최대한 즐기기 위해서는 일과 사생활의 균형이 절실하다. 이런 모든 것들에 대해 생각해 보고, 최상의 접근법을 택해 보라. 그로 인해 당신은 이 추락하기 쉬운 세상에서 비상할 수 있는 기회를 얻게 될 것이다.

수요일의 아이

Staying Up, Up, Up in a Down, Down World

지역 방송 텔레비전 앵커 존 크리스웰은 〈수요일의 아이〉[역주: 수요일의 아이는 버려진 사생아들을 말하며, 여기서는 문자 그대로 수요일에 프로그램을 방영하여 이중적인 의미로 사용하고 있다]라는 프로그램을 맡아 매주 수요일 저녁마다 시청자들에게 입양이 가능한 어린이들을 소개했다.

존은 이 프로를 통해 무엇보다도 가정이 인생에서 성공을 위한 정당한 기회를 제공하는 최초의 장소임을 사람들에게 일깨우기 위해 노력했다. 그가 소개한 많은 아이들은 '완전한 아이들'이 아니었다. 그중에는 육체적인 장애와 정신적인 장애는 물론, 그 두 가지 장애를 모두 가지고 있는 아이들도 있었다.

존은 그 아이들이 단순히 원하는 사람들이 아니라 최상의 환경을 제공할 수 있는 부모에게 입양되는 것을 목표로 삼았다. 그는 언제나 그 점을 염두에 두고서 어떤 부모가 이 아이들에게 필요한 애정과 가정을 줄 수 있는지를 엄격히 식별하고자

했다. 〈수요일의 아이〉는 많은 이들에게 안정된 가정생활의 중요성을 새삼 깨닫게 하며 엄청난 성공을 거뒀다.

그로부터 몇 년 뒤, 존의 아내 엘리자베스는 여행 중 힘들게 걸어가고 있는 20대 초반의 젊은 장애인을 보았다. 그녀는 갓길에 차를 세워 그 청년을 태웠다. 함께 차를 타고 가며 이런저런 이야기를 나누던 중 청년은 저널리즘에 관심을 가지고 있다는 말을 했다. 그 이야기를 들은 엘리자베스는 텔레비전 앵커 존 크리스웰이 자신의 남편이라고 했다. 그러자 청년은 환호하며 말했다.

"부인의 남편이 내 인생을 완전히 바꿔 놓았어요! 내가 바로 그 수요일의 아이랍니다."

그녀의 남편은 이 젊은이에게 새로운 기회를 제공했다. 또한 그녀는 청년이 보다 손쉽게 목적지에 갈 수 있도록 친절을 베풀었다. 그리고 그 청년은 그들의 마음에 따스한 온정의 불길이 타오르게 했다. 그들은 서로를 고양시키고 감동을 공유했다. 연못이나 호수에 조약돌을 던졌을 때, 안에서 바깥으로 동심원이 점점 더 커져 가는 모습을 본 적이 있는가? 매일의 일상에서 우리의 작은 친절 하나가 인생이라는 고속도로를 달리는 우리들에게 얼마나 큰 영향력을 행사하는지 당신은 상상조차 할 수 없을 것이다.

남편과 자신이 행한 일로 인해 엘리자베스가 느꼈던 그 감동과 기쁨은 존 크리스웰이 수요일의 아이들에게 보여준 친절과 동정심을 함께 공유했던 사람들의 눈시울을 뜨겁게 만들고, 그들을 미소 짓게 만들었다.

내가 보고 있지 않다고 생각할 때

Staying Up, Up, Up in a Down, Down World

내가 보고 있지 않다고 생각할 때
당신은 내가 그린 최초의 그림을 냉장고에 걸었습니다.
그래서 나는 다른 그림을 그리고 싶어졌습니다.

내가 보고 있지 않다고 생각할 때
당신은 길 잃은 고양이에게 먹이를 주었습니다.
그래서 나는 상냥하게 동물을 대하기로 마음먹었습니다.

내가 보고 있지 않다고 생각할 때
당신은 나를 위해서 생일 케이크를 만들었고
나는 진정 특별한 것은 사소한 것들이라는 사실을 알게 되었습니다.

내가 보고 있지 않다고 생각할 때
당신은 언제나 기도를 했고
나는 항상 나를 지켜주는 하나님의 존재를 믿게 되었습니다.

내가 보고 있지 않다고 생각할 때
당신은 나에게 굿나잇 키스를 해주었고
나는 사랑받고 있다는 것을 깨달았습니다.

내가 보고 있지 않다고 생각할 때
당신은 언제나 나를 돌봐 주었고
그로 인해 나는 내가 될 수 있는 모든 것이 되고 싶어졌습니다.

내가 보고 있지 않다고 생각할 때
…그러나 나는 보았습니다.
내가 보고 있지 않다고 생각할 때
당신이 내게 행한 모든 것에 감사합니다.

아주 특별한 보상

Staying Up, Up, Up in a Down, Down World

부정적인 행위를 저지르는 고액 연봉 선수에 대한 비난이 끊이지 않고 있다. 예컨대 현 뉴욕 닉스 농구팀의 주전 가드인 라트렐 스프레웰은 두 번씩이나 자기 코치를 폭행했다. 그런데 믿을 수 없게도 포트햄 대학의 매우 존경받는 법과 대학장 존 D. 피어릭이 그의 대리인을 맡아 변호했다. 사람들은 피어릭 학장에게 분노했으며 그로 인해 심한 행동을 일삼는 선수들에게 면죄부를 주는 것은 아닐지에 대해 심각한 우려를 나타냈다.

그러나 이와 같은 일련의 부정적인 사태와는 반대로 긍정적인 행위를 한 고액 연봉자도 많다. 밀워키 브루어스 팀의 중견수 마퀴스 그리섬은 자신의 성공이 무엇보다 가족들의 격려 덕분이었음을 잘 알고 있었다. 그는 11명의 형제들에게 집을 선사하는 고전적인 행위로 자신을 지지해 준 이들에게 감사를 표했다.

또한 수많은 NFL(내셔널 미식축구 리그) 슈퍼스타를 훈련시킨 존경받는 미식축구 코치 벤 아가자니안은 80살의 나이에도 불구하고 매년 아이들과 어른들을 위한 미식축구 클리닉을 열고 있다. 벤은 왜 그 나이에도 계속해서 클리닉을 열고 있는가? 그 질문에 대해 벤은 이렇게 대꾸했다.

"아이들을 가르치고 그들의 성장을 지켜보며 저 역시 커다란 동기부여를 받기 때문입니다."

그의 행위는 단순한 금전적 보상이 아닌 그 이상을 그에게 보답하고 있다. 젊은이들이 새로운 삶의 기회를 얻도록 돕는 데서 그 역시 새로운 삶의 기회를 보장받는다.

자신보다 약하고 부족한 사람들을 어떻게 대하는가에서 그 사람의 인격을 알아볼 수 있다. 마퀴스와 벤은 자기들보다 운이 좋지 못한 사람들을 도우며, 자신들이 할 수 있는 바를 행하는 데서 보람과 기쁨을 느꼈다.

그들은 분명 자신들의 행위에 대해 사람들의 빛나는 눈과 가슴에 넘쳐나는 기쁨, 그 영혼에 깃든 감사라는 몇 곱절의 보상을 받았을 것이다.

미소가 담긴 요구르트 한 잔

Staying Up, Up, Up in a Down, Down World

캘리포니아 주 새크라멘토 공항에서 있었던 일이다. 내가 탈 비행기가 한 시간 정도 지연이 되어 갑자기 생각지도 않았던 여유가 생겼다. 그래서 나는 요구르트 판매대로 가 좋아하는 화이트 초콜릿 무스와 신선한 딸기를 섞어 만든 요구르트를 주문했다. 그런데 요구르트를 준비해 주는 여자의 밝고 쾌활한 태도와 완벽하고 자신에 찬 솜씨가 내 시선을 잡아끌었다. 당연히 그녀가 가져다 준 음료는 딱 맞는 배합에 무척 맛있었다.

요구르트를 다 마신 후 나는 잠시 그녀와 대화를 나눴다. 타이완에서 이민 온 그녀는 이제 미국에서 산 지 17년째가 되었다고 했다. 그래서 미국에 첫발을 디딘 후 일을 찾기까지 얼마의 시간이 걸렸냐고 물어 보았다. 그녀는 활짝 미소 지으며 '단 하루만에'라고 대답했다.

나는 그녀가 미국에 도착한 1980년대의 상황을 생각해 보았다. 그 당시는 미국 경제도 그다지 좋은 편이 아니었다. 그럼에도 불구하고 켈리 투는 하루 만에 일자리를 구했고, 현재는 남편 데이빗과 함께 '투의 레스토랑'과 작은 카페를 경영하고 있었다. 그녀는 나에게 레스토랑의 위치를 자세히 설명해 주었다.

    그녀는 분명 대단히 열정적이며 자기가 하는 일에 전문성을 갖고 있는 프로 직업인이었다. 그들이 레스토랑을 어떻게 운영하고 있는지는 전혀 모르지만, 남편 역시 아내와 비슷한 직업 정신과 태도를 지니고 있다면 분명 그 레스토랑 또한 잘될 것이다.

    켈리 투는 행복하게 자신의 일을 즐기며 새로운 땅에서 주어진 새로운 기회를 감사히 여기고 있다. 나는 보다 많은 사람들이 이 젊은 여성처럼 일을 할 때 함빡 미소 지을 수 있다면, 그렇게 해서 최선의 서비스를 고객에게 제공할 수 있다면 무슨 일이 일어날까 하는 생각에 사로잡혔다.

우리가 동물원에서 배울 수 있는 것

Staying Up, Up, Up in a Down, Down World

일반적으로 우리는 동물들을 보고 즐기며 배우기 위해 동물원에 간다. 그러나 텍사스 주 휴스턴에 있는 악어 동물원에 가면 동물보다 사람의 습성에 대해 더 많은 것을 배우게 된다.^{때때로 동물원은 인간 본성에 대한 흥미로운 사실을 적나라하게 드러낸다.}

그곳에 한 번 가보아라. 당신은 다른 곳에서는 쉽게 찾아볼 수 없는 광경을 보게 된다. 온갖 크기의 여러 나라 동전들이 악어 우리 여기저기에 흩뿌려져 있다!

왜 유독 이 동물원만 이런 광경을 연출하는 것일까? 그것은 단지 악어 우리 옆에 붙여 놓은 한 표지판 때문인 듯싶다. 동물원 협회는 '악어 우리에 동전을 던지지 마십시오.' 라는 문구를 써놓았다. 이는 악어가 단 하나의 동전이라도 삼키게 되면 죽을 수 있기에 사람들에게 주의를 주기 위해서였다.

하지만 하지 말라는 것은 더 하고 싶어하는 미묘한 인간의 습성 때문에 사람들은 동전을 던진다. 권위에 저항하는 것이 인간의 본성이기 때문이다. 단지 어린아이들뿐 아니라 어른들도 동전을 던지는 것을 보아 이는 단순한 반항이 아닌 인간의 본성임을 알 수 있다.

그러나 문명사회에서는 순종하는 법을 배우고 나서야 비로소 지도하는 법을 알게 된다. 또한 민주주의는 공동의 선(善)을 위해 여러 가지 법률과 규칙들로 사람들을 제약한다.

이 악어 동물원의 경우 동전을 던지지 말라는 규칙은 악어들을 위한 것이지만, 궁극적으로는 그 동물원에 놀러오는 수많은 사람들의 공동의 기쁨을 위해서이다.

동전을 삼킨 악어가 죽어 가는 모습을 직접 봐야만 "내가 왜 그랬지, 그렇게 하지 말았어야 했는데……." 하고 후회하고 슬퍼하겠는가? 아니면 지금 당장 공동의 선과 기쁨을 실천하겠는가?

대통령을 이끌었던 110개의 교훈

Staying Up, Up, Up in a Down, Down World

대중과 대중 매체에 의해 조작된 반영웅이 추앙받는 오늘날, 미국의 제1대 대통령 조지 워싱턴을 새롭게 재평가하고 재조명하는 작업은 신선하고 의미 있는 일이 아닐 수 없다.

조지 워싱턴이 저술한 『예절의 법칙』이라는 책에는 '전쟁과 평화 시 최초의 대통령을 이끌었던 110개의 교훈' 이라는 부제가 붙어 있다. 거기서 발췌한 다음의 문장들을 살펴보자. 이 문구들이 당신의 인생에 건강한 역할 모델이 되어 줄 것이다.

- 누구에게라도 비난의 말을 삼가라. 저주하지 말고 욕하지도 말라.
- 자신의 명성을 높이고자 한다면 훌륭한 자질을 지닌 사람들과 사귀어라. 나쁜 친구들과 어울리느니 차라리 혼자 있는 게 더 낫다.

- 누군가를 헐뜯는 소문을 성급하게 믿지 마라.
- 농담이건 진담이건 타인에게 상처 주는 말은 삼가라. 그것이 진정 비웃음을 당할 만한 일이라도 당신만큼은 절대 비웃지 마라.
- 말하기 전에 생각하고, 또박또박 발음하라. 너무 빨리 말하지 말고 차근차근 말하라.
- 다른 사람들의 일을 알려고 호기심을 부리지 말고, 남을 험담하는 사람들 가까이에 가지 마라.
- 그 자리에 없는 사람의 험담은 하지 마라. 그것은 정당하지 못한 짓이다.
- 입에 음식을 넣고 말을 해서는 안 된다.
- 부모가 가난하다 하더라도 부모를 공경하고 순종해라.
- 너의 양심과 너의 가슴을 항상 살아 숨 쉬게 하라.

위의 말들이야말로 성공적인 삶의 견고한 기초가 된다.

마음의 화장을 지워라

Staying Up, Up, Up in a Down, Down World

요즘 사람들은 정말 다양한 관심사를 가지고 여러 기상천외한 연구 결과를 발표한다. 그런 연구 결과 중에는 진짜 재미있고 다른 사람들에게 도움이 되는 흥미로운 것들이 많다.

잠자리에 들기 전에 정성껏 화장을 닦아 내는 여성들은 그런 과정을 거치지 않는 여성들에 비해 불면증에 시달릴 확률이 적다는 사실을 밝혀 낸 연구 결과도 그 중 하나이다.

화장을 지우는 여성이 숙면을 취할 수 있는 것은 화장을 지워 냈기 때문이 아니라, 하루종일 유지하고 있던 빠른 템포의 생활 리듬에서 벗어날 수 있는 과정을 거쳤기 때문이다. 대개 화장을 지울 때는 서두르지 않고 조용하게 일을 진행한다.

이렇게 속도를 늦추는 과정을 거침으로써 그 사람은 보다 느긋해진 마음 상태로 잠자리에 들게 되고, 따라서 더 빨리 잠에 빠져들게 되는 것이다.

여기서 문제의 초점은 화장을 지운다는 데 있는 것이 아니라 화장을 지우는 과정 자체에 있다. 대부분의 남성들은 화장을 하지 않는다. 그렇지만 하루를 마무리하는 시점에 있어 리듬을 늦추는 자기만의 과정을 개발한다면 남성들 역시 같은 효과를 볼 수 있다.

잠자리에 들기 위해 얼마 동안 음악에 귀를 기울이는 것은 어떤가? 부드러운 선율의 음악이 특히 좋다. 그런 곡들은 듣는 이로 하여금 리듬을 늦추게 하며, 일상의 고달픔과 피로로 인해 세상으로 추락하는 것을 예방하는 좋은 기회를 제공한다.

때로는 시대를 역행하라

Staying Up, Up, Up in a Down, Down World

오늘날처럼 고도로 발달된 하이테크 사회에서는 컴퓨터나 인터넷, 팩스 등의 기계가 인간을 대신해 많은 일들을 수행한다. 그럼에도 불구하고 이처럼 가속화된 경기장의 주요 선수 중 한 명은 오히려 필드의 진행 방향을 역행함으로써 발전을 성취해 나가고 있다.

많은 회사들이 효율성을 이유로 앞 다투어 컴퓨터 자동 응답 시스템을 설치하는 요즘 추세에, 한 디지털 장비 설치 회사는 설치되어 있던 자동 응답 시스템을 없애고 사람으로 교체했다. 컴퓨터 자동 응답 시스템은 컴퓨터가 자동으로 전화를 돌려주기 때문에 실수나 착오가 생겨도 문의하기가 힘들고, 그로 인해 불만이 팽배했다. 그러나 사람이 직접 응답을 하게 된 후로는 고객들에게 친밀감을 심어 주었으며 연결 실패율도 1% 이하로 떨어졌다.

이 놀라운 성과를 거둔 방식은 획기적인 아이디어가 아니다. 우리는 부모와 조부모 세대로부터 전화를 할 때는 그런 방식으로 하라는 가르침을 받아 왔었다.

다음과 같은 우스갯소리가 있다.

대규모 낙농 농장에서 효율적으로 우유를 짜기 위해 많은 돈을 들여 전자 기기를 도입했다. 그런데 우유 생산량은 오히려 떨어졌다. 그 이유는 젖소들이 기계보다는 인간의 손길을 더 좋아했기 때문이었다.

마찬가지로 사람들 또한 인간의 손길을 더 좋아한다. 그렇기 때문에 모든 회선이 통화중이 아니라면 가능한 한 인간이 직접 응답해 주기를 원하는 것이다. 고객과 더 많은 인간적인 접촉을 할수록 비즈니스는 더 훌륭해진다.

하이테크가 언제나 좋은 것만은 아니다. 때때로 시대를 역행하는 것이 오히려 우리로 하여금 앞을 향해 나가도록 만든다.

삶이란 태도이다

Staying Up, Up, Up in a Down, Down World

사회 상담 석사 학위를 소지한 뛰어난 저자이자 연설가인 론 히기는 천 장 이상의 그림을 입으로 그린 화가이기도 하다. 그를 만나는 일은 영감 그 자체이며, 그의 말을 듣는 것은 격려 그 자체이다. 또한 그의 글을 읽는 것은 대단히 교육적이다.

서핑 사고로 사지가 마비된 후, 론 히기는 자신의 모든 능력을 동원하고 발전시켜 이러한 모든 성취를 달성했다. 그러나 무엇보다도 훌륭한 것은 바로 삶에 대한 그의 자세이다. 그를 만나고, 그의 눈을 바라보며, 그의 비디오를 보고, 그의 저서 『삶이란 태도이다』를 읽는 일은 자극과 영감을 얻을 수 있는 매우 특별한 경험이다. 그의 말처럼 '태도는 전염된다.' 당신의 태도는 전염될 가치가 있는가?

사고가 나기 전 론은 얼마 있으면 오리건 주립 대학 미식축구팀에 장학금을 받고 진학할 예정이었던 유망한 고등학생이었다. 그러나 그는 18세 생일을 하루 앞두고 큰 사고를 당했다. 사고 전 그는 300파운드의 물건을 들 수 있었다. 그러나 사고 후 자신의 손가락조차 까눌 수 없게 되었다. 론은 좌절하고 절망했다. 그러나 다행히도 론에게는 그를 깊이 사랑하는 어머니가 계셨다. 낙관적인 론의 어머니는 그가 다른 재능과 능력을 발전시킬 수 있도록 격려했고, 론에게 화가가 될 것을 제안했다. 마침내 론은 붓을 입에 물고 그림을 그리게 되었다.

론은 현재 전국을 여행하며 관심과 도움이 필요한 많은 이들을 격려하고 있다. 또한 1992년 사랑스럽고 아름다운 아내와 결혼 후, 그 누구보다 행복한 삶을 영위하고 있다.

론의 성취는 우리들 모두에게 자극과 영감이 된다. 론 히기의 접근법을 택하라. 그러면 여러분은 더 많은 존재가 될 수 있고, 더 많은 것을 할 수 있다. 또한 삶이 제공하는 보다 많은 것들을 가지게 될 것이다.

Staying Up, Up, Up in a Down, Down World

part²

현재는 신의 선물이다

더 많이 감사하고
더 많이 표현하라

Staying Up, Up, Up in a Down, Down World

귀머거리, 벙어리, 장님이었으나 성공한 사회사업가 헬렌 켈러는 이렇게 말한 바 있다.

"모든 사람들이 며칠간만이라도 눈멀고 귀가 들리지 않는 경험을 한다면 그들은 자신이 가진 것을 축복할 것이다. 어둠은 볼 수 있다는 것에 감사하게 하고, 침묵은 소리를 듣는 기쁨을 가르쳐 줄 것이다."

그러나 이와 같은 그녀의 표현은 너무도 완곡하다. 만약 우리가 실제로 그런 체험을 하게 된다면 우리는 모든 감각을 사용할 수 있는 능력에 감사하고, 더 나아가 생에 대한 고마움과 함께 살아 있는 모든 것에 환호할 것이다.

'감사하다'라는 말의 사전적 정의[1828년도 판 노아 웹스터 사전]는 '혜택을 받고 있다는 온당한 감각을 지니고서 호의를 베푸는 사람들에게 친절한 마음을 갖는 것. 또한 그것은 우리를 상냥하고 기쁘게 하며 만족시키는 고마운 선물이다.'라고 되어 있다.

  나는 인간에게 주어진 거의 모든 조건의 삶의 방식들을 목격했다.

  공산주의 하의 베를린 거리에서 텅 빈 가게와 한산한 도로, 사람들의 표정 없는 얼굴과 눈을 보았다. 제3세계에서는 믿을 수 없는 빈곤을 목격했다 - 헐벗고 굶주린 작은 아이들, 말라비틀어진 몸, 대다수 미국인은 상상조차 할 수 없는 더러움 속에서 살고 있는 사람들, 그리고 그것들과 길 하나를 사이에 둔 최고의 사치까지…….

  상처받고 고통 받는 수많은 이들을 목격하고, 나는 내게 주어진 모든 것에 감사하고 최선을 다해 현재를 살아가려 노력하게 되었다.

  우리가 가진 것에 대해 더 많이 감사하고 더 많이 그 기쁨을 표현할수록 더욱더 감사할 일이 많아진다는 점을 명심하자. 감사하며 하루하루를 살아가는 것이야말로 우리의 의무이다.

참을 수 없는 사소함의 진가

Staying Up, Up, Up in a Down, Down World

잘 아는 신사 한 분이 최근 재미있는 체험을 했다며 나에게 해준 이야기이다.

그의 아내는 수술을 받고 난 뒤 집에서 요양을 하고 있었다. 그녀는 가볍게 주변을 돌아다닐 수는 있었지만, 앉았다 일어선다거나 몸을 구부리는 등의 행동을 하면 통증이 심해져 상당히 고통스러워했다.

아내가 병원에서 퇴원해 집으로 돌아온 지 며칠 안 되어서의 일이었다. 아침에 일찍 일어난 그는 커피를 마시기 위해 부엌으로 내려갔다. 거기서 그는 깨끗이 헹궈진 접시가 식기세척기 안에 그냥 들어 있는 것을 보게 되었다. 그는 요양 중인 아내를 위해 그 접시를 모두 꺼내 정리하기 시작했다. 이 일을 하는 데 걸린 시간은 불과 5분 정도에 불과했다. 그리고 커피를 한 잔 마시고 침실로 돌아와 출근 준비를 한 후, 아내가 부엌으로 들어

가기 전 집을 나섰다.

그날 저녁, 집에 돌아온 그는 아내에게서 진심어린 감사의 말을 들었다!

아내는 남편을 포옹하며 아침에 그가 행한 작은 일에 대해 이렇게 말했다.

"여보, 허리 통증 때문에 해야 할 일을 내버려 두어야 할 때마다 눈물이 나오곤 했었어요."

분명 그가 한 일은 대수롭지 않은 사소한 일이었다. 그런데 어째서 아내는 그토록 감격한 것일까? 무엇보다도 그녀는 남편의 작은 배려로 그가 얼마나 아내를 사랑하며 아끼는지를, 그리고 얼마나 진심으로 아내의 평안과 안녕을 바라는지를 알게 된 것이다. 그의 행동은 비록 사소했지만 많은 감동과 변화를 가져왔다.

인생에서 5분은 대단한 시간이 아니다. 하지만 사려 깊은 5분이 가져오는 영향은 대단하다. 다른 사람의 요구에 예민하게 대처하는 능력을 키워라. 인생에서 작은 것들을 챙기고 기억하라. 그 사소한 것들이 상상도 못할 엄청난 차이를 초래한다.

쓸데없는 걱정 따윈 깨끗이 날려 버리자!

Staying Up, Up, Up in a Down, Down World

'아직 현실화되지 않은 골칫거리에 대해 미리 지불되는 관심.'
'끓기도 전에 먼저 넘치는 요리.'

이는 다름 아닌 걱정에 대한 묘사이다. 인류는 언제나 크고 작은 여러 걱정과 함께 해 왔다. 가장 최근에 가장 눈에 띄게 보였던 걱정은 Y2K라는 어마어마한 헛소동이다. 그러나 우리는 살아남았고, 몇 가지 예외적인 현상을 제외하면 모든 것이 정상적으로 돌아가고 있다.

〈심리학 투데이〉지에 실린 기사에 따르면 걱정거리를 일단 종이에 적어 보라고 한다. 그렇게 글로 적어 나가다 보면 객관적인 관점을 가지게 되어 종종 근심을 제거할 수 있다고 한다.

지금 걱정하고 있는가? 그렇다면 당신의 걱정거리를 기록한 뒤 스스로에게 물어 보라. 왜 내가 지금 이런 것에 대해 걱정하고 있는지, 과연 이 걱정거리에 대해 내가 할 수 있는 일은 무엇인지, 그런 일들이 나에게 직접적·간접적으로 미치는 영향은 무엇인지에 대해.

예를 들어 밤늦게 음악을 너무 크게 틀어 놓는 이웃으로 인해 고통 받고 걱정하는 친구가 있다고 하자. 그 경우 친구의 걱정거리에 대해 관심과 공감을 표현하는 것으로 충분하다. 그렇지 않고 정도를 넘어서 그 문제를 진정으로 걱정하기 시작한다면 그것은 당신의 자원인 창조적인 정신을 고갈시키는 낭비에 불과하게 된다.

마찬가지로 어떤 걱정이 정당할 때에도, 그 걱정에 관해 자신이 특별히 할 수 있는 일이 무엇인지를 자문해 보라. 그렇게 문제를 해결하기 위한 해결책을 생각하는 순간부터 해결의 실마리가 보이기 시작할 것이며, 당신의 기분 또한 훨씬 나아질 것이다.

행동은 그냥 걱정만 하고 있는 것에 비해 보다 건전하고, 또한 성공으로 유도할 수 있는 감정을 창조한다. UCLA에서 실시한 한 연구 조사에 의하면 특정한 목표를 성취하기 위해 걱정을 극복하는 것과 같은 목표 계획을 세우는 사람들은 그 결과로 보다 더 행복한 삶을 누린다고 한다.

이와 같은 접근방법을 한 번 선택해 보라. 그로 인해 당신은 보다 행복해질 것이며, 당신의 일상생활은 훨씬 더 건강해질 것이다.

인생과 일의 진정한 팬이 되라

Staying Up, Up, Up in a Down, Down World

'광신적인'이란 의미를 지닌 'fanatic'의 첫 세 철자만을 떼어놓고 보면 팬^{fan}이라는 단어가 된다. 팬이란 무엇인가를 매우 좋아하는, 자신의 시간과 돈을 투자해 뭔가에 열중하는 사람이라는 뜻이다.

우리들은 누구나 보통 무엇의, 혹은 누구의 팬으로 살아간다. 사랑하는 배우자의 열정적인 팬이며, 다니는 회사의 든든한 팬이기도 하고, 더 나아가 내 나라의, 내 도시의, 내 신앙의 열혈 팬이다. 좋아하는 운동 팀이라도 있다면 밤새워 목이 새도록 응원하는 극성팬이 되기도 한다.

이렇게 충실한 팬은 사회를 이끌어 나가는 진정한 자산이 되고, 건강한 팬은 더욱 많은 이들이 훌륭한 팬이 되게 만든다.

하지만 광신적인 것은 전혀 별개의 문제이다. '광신적인^{fanatic}'이라는 단어에서 진정한 '팬^{fan}'을 빼면 '광분하는^{atic}'이라는 단어가 남는다. 팬이 아닌 광분에 빠지게 되면 자신의 삶과 경력을 망치게 될 뿐만 아니라 주변 사람들까지 위험에 빠뜨린다.

누구를, 혹은 무엇을 믿는다는 것과 그것을 너무나 극단적으로 받아들여 맹목적이 된다는 것은 전혀 다르다. 충실한 팬은 자신의 '영웅'이 명예롭게 행동할 수 있도록 그들의 불법적이고 비도덕적인 행위를 심문할 수 있어야 한다. '영웅'도 인간이기에 나쁜 일을 저지를 수 있다. 그러나 팬이어서 그의 모든 비행을 눈감아 주고 무조건 추종한다면 그것이야말로 광신적이 되는 것이다. 진정한 팬은 적절한 비판을 통해 그들이 반성하고 변화하도록 추구해야 한다.

어린 시절, 우리 교회에는 온갖 궂은일을 앞장서서 행하여 사람들에게 두터운 신임을 받던 한 여자가 있었다. 그러나 그녀는 정작 자기 자녀들에게는 신경조차 쓰지 않았다. 그 아이들의 옷은 누더기에다 언제나 지저분했다. 그녀가 그토록 교회에 맹목적으로 매달리면서 자녀들을 제대로 돌보지 않은 것은 분명 어리석은 행동이었다.

성경에는 이에 대해 분명 다음과 같이 경고하고 있다.

"자기 것, 그 중에서도 자기 가족에게 양식을 제공하지 못하는 사람이 있다면, 그는 자기 신앙을 부정하는 것이며 그것은 비신도들보다 더 잘못된 삶을 사는 것이다."

쾌락+재미=행복(?)

Staying Up, Up, Up in a Down, Down World

로즈 바텔은 "행복은 자동적으로 주어지는 감정이 아니라 의식적인 선택이다."라고 했다. 즉, 행복은 태도의 문제로 어느 특별한 장소에서 특별한 때 느끼는 게 아니라 현재, 지금 있는 곳에서 계속해서 느끼는 충만감이다. 또한 데니스 프레거는 이렇게 말했다.

"우리가 무슨 일을 하면서 즐겁게 느껴지는 감정은 재미일 뿐 그것이 곧 행복은 아니다. 행복은 그 뒤에 오는 것으로 보다 심오하고 영속적이다."

놀이 공원에 가거나 야구 경기, 영화 관람, TV 시청 등은 일시적으로 우리에게 휴식을 주고 문제점들을 망각하도록 해 잠깐이나마 웃게 만든다. 하지만 이런 행위는 그만 둠과 동시에 재미 또한 사라지기에 이를 진정한 행복이라고 할 순 없다.

고통 없고 재미로 가득 찬 삶이 곧 행복한 인생이라고 여기는 사람은 진정한 행복을 맛볼 기회를 스스로 차단하는 것이라고 프레거는 주장한다. 만약 재미와 쾌락이 동의어라면, 고통은 불행과 동일해야만 타당한 추론일 것이다. 그러나 우리 모두 잘 알다시피 이는 사실이 아니다. 종종 고통이 수반되지만 궁극적으로 우리를 행복하게 만드는 많은 것들이 분명 존재한다. 행복은 정복할 수 없는 것처럼 보이는 역경을 극복할 때 비로소 그 모습을 드러낸다. 행복은 절대 쾌락과 동의어가 아니기 때문이다.

지난 20년 동안 우리는 전지전능한 달러를 추구해 구매력을 엄청나게 상승시켰다. 그렇지만 그것이 곧 생활의 질(質)까지 향상시킨 것은 아니었다. 돈이 행복을 가져다주지는 못한다. 아이들은 값비싼 선물보다 부모와 함께 하는 한 시간을 더 귀하게 여기고, 남편과 아내는 돈이 아닌 대화로만 서로의 사랑을 확인할 수 있다. 그럼에도 불구하고 사람들은 돈을 위해 일하느라 바쁘거나, 텔레비전에 빠져 시간을 낭비한다.

자연 공동체 생활을 하는 사람들을 보라. 그들은 텔레비전도, 풍요로운 재물도 없지만 도시에 사는 대다수 우리보다 훨씬 더 행복하다. 그들에게는 사랑하는 가족과 어려울 때 도와주는 친구가 있기 때문이다. 우정을 소중히 여기고 가족과 더 많은 시간을 함께 하라. 그리고 그들과 같이 할 수 있어 행복하다는 것을 끊임없이 드러내라. 우리의 인생은 유한하며, 소중한 사람과 함께 할 시간은 정말로 짧다.

'아, 내가 그때 가족과 함께 있었어야 했는데…….'라고 후회하지 않을 현재를 만들기 위해 노력해라.

살아남기 위해 적극적으로 포옹해라

Staying Up, Up, Up in a Down, Down World

　AP 통신의 한 기사에 따르면, 오하이오 주 톨레토에 있는 헬스케어앤리타이어드먼트사가 최근 '포옹'을 회사의 정책으로 채택했다고 한다. 이 회사는 전직원에게 11시간짜리 세미나를 받게 했는데 이를 통해 이성을 매료시키기 위한 포옹이 아니라 적절하고 정당한 포옹을 할 수 있도록 교육받았다.

　심리학자 그렉 리스버그는 세미나에서 포옹을 통해 여러 감정을 직접적이고 확실하게 전할 수 있다고 지적했다. 연민의 포옹에서부터 축하의 포옹에 이르기까지 포옹은 그 종류가 매우 다양하기 때문이다. 하지만 그는 성희롱과 포옹 사이의 경계선이 너무 얇기 때문에 이성적으로 매력을 느끼는 사람과의 포옹은 주의하라고 충고했다.

　그 경계는 개인의 인식 편차에 따라 달라지는데 인식차는 그야말로 기준이 없고 천차만별이기 때문이다. 따라서 불필요한 오해를 불러일으킬 행동은 되도록 피하는 것이 좋다.

포옹은 좋은 것이며 매우 중요하다. 생존을 위해 적어도 하루에 네 번은 포옹을 해야 한다. 정말 살맛나는 인생을 살고 싶다면 하루에 여덟 번 내지 열 번의 포옹을 해라. 하루 열다섯 번 이상의 포옹은 인생이라는 차에 고속기어를 넣는 추진력이 된다.

여기, 포옹을 쑥스러워하며 쓸데없는 짓이라고 여기는 남편들을 위한 충고가 있다.

남편들이여, 하루종일 아내를 무시하다가 불이 꺼진 밤중의 침실에서만 애정 표현을 한다면 아내들이 어떤 생각을 할지 생각해 보아라. 아내들은 마음이 실린 포옹을 원한다. 진정한 로맨스는 절대 어두운 침실에서만으로 한정되는 것이 아닌, 하루 종일 집안의 여러 곳에서 계속해서 일어나야 한다.

당신의 아내를, 아이들을, 그리고 진정 사랑하는 동료들을 포옹해라. 당신의 인생이 보다 보람 있고 윤택하며 활기차질 것이다.

말썽꾸러기 데니스

Staying Up, Up, Up in a Down, Down World

말썽꾸러기 데니스는 내가 가장 좋아하는 만화 주인공이자 철학자이다. 데니스는 내 인생에서 결핍된 것들을 채워 주며 나를 생각하게 만들고 동시에 웃게 만든다. 최근 본 만화 데니스는 나로 하여금 은총에 대해 다시 생각하게 만들었다.

데니스는 짝꿍인 조이와 함께 양손에 과자를 가득 들고 윌슨 부인의 집에서 걸어 나오고 있었다. 조이가 데니스에게 묻는다.
"우리가 이렇게 과자를 받을 만한 일을 한 거니, 데니스?"
"조이, 윌슨 부인이 과자를 준 건 우리가 착하기 때문이 아니라 윌슨 부인이 착하기 때문이야."

작가의 말에 의하면 우리는 데니스로 대체되고, 윌슨 부인은 신으로 대체할 수 있다고 한다. 결국 그는 우리의 인생에 나타난 좋은 일은 내가 착하기 때문이 아니라 신이 착하기 때문이라고 지적했다.

우리는 여기서 한 단계 더 나아가 이렇게 말할 수도 있다.

대부분의 경우 우리가 받는 친절과 중요한 선물은 우리가 착하기 때문이 아니라, 그것을 베푸는 자가 착하고 친절하며 관대하기 때문이다. 이 말은 곧 우리가 타인에게 친절을 베풀고 관대하게 대하면 대할수록 그들도 우리에게 친절하고 관대하게 대한다는 의미이다.

데니스가 이 작은 일화에서 우리에게 가르쳐 준 것을 진심으로 받아들여라. 당신이 대접받고 싶은 대로 타인을 대접하라. 당신의 대접을 받는 사람들은 그 믿을 수 없는 즐거움을 받아들일 것이며, 그로 인해 행복해질 것이다. 하지만 당신 자신보다 더 기쁜 사람이 어디 있겠는가!

바람은 불어야 한다

Staying Up, Up, Up in a Down, Down World

　일부러 골칫거리나 문젯거리를 찾아다니는 사람은 없다. 난관을 피해갈 수만 있다면 피해가고 싶은 게 인지상정이다. 그러나 때때로 우리는 그런 고충을 자청해야 하는지도 모른다.

　메릴랜드 주 웨스트민스터의 토마스 와일리는 아내와 함께 애리조나 주에 있는 친척을 방문했다. 그들은 그곳에 머물면서 근처에 있는 인공 생태 실험실 '바이오 스피어2'를 견학했다. 그들이 쭉 둘러보고 있는데 설명을 하던 안내자가 갑자기 '바이오 스피어2'에는 결정적인 결함이 하나 있다고 말했다. 설계자가 '바람'이라는 요소를 간과하고 생태 실험실을 만들었다는 것이다. 바람이 없었기 때문에 나무들은 뿌리를 깊게 내릴 필요가 없어졌는데 문제는 일정한 크기 이상으로 나무가 자라면 뿌리가 약해 스스로의 무게를 지탱하지 못하고 쓰러지게 된다는 사실이었다.

와일리 씨는 그 안내자의 말에 우리들 또한 역경이라는 바람에 시달려 보지 않는다면 결코 제대로 성장할 수 없다는 사실을 깨달았다고 한다. 나는 전적으로 그의 의견에 동감한다. 푹신한 침대에서 챔피언으로 단련될 수는 없는 법이다.

내 어머니는 당신의 자녀들을 하나같이 어린 나이에 일터로 내보내게 된 것을 대단히 가슴 아파하셨다. 하지만 내 형제자매 중 어느 누구도 그 점에 대해 어머니를 원망한 사람은 없었다. 우리는 그런 역경 속에서 언젠가 인생의 도약을 맞이하게 될 것이라고 믿어 의심치 않았으며, 그렇게 어렸을 때 책임감을 배워 인생의 후반기에 보다 좋은 것들을 많이 누리면서 살 수 있도록 하는 것이 훨씬 바람직하다고 믿었다.

바이오 스피어의 설계자가 뿌리를 튼튼히 내리게 하기 위한 바람을 간과한 것과 마찬가지로, 우리 인간은 때때로 잊어서는 안 되는 지혜를 망각하는 경향이 있다. 하지만 우리는 정말로 우리에게 필요한 것이 무엇인지를 가슴에 새겨 놓아야 한다.

현재(present)는
신의 선물(present)이다

Staying Up, Up, Up in a Down, Down World

1998년 일본의 나고야에서 개최된 동계 올림픽 피겨스케이팅 여자 싱글 부분에서 타라 리핀스키는 금메달을, 미셸 콴은 은메달을 획득했다.

이 시합은 올림픽 게임 역사상 가장 흥미진진한 시합 중 하나로 손꼽힌다. 아홉 명의 심판 중 여덟 명은 불과 0.1의 근소한 차이로 그들의 점수를 매겼다. 그리고 그 중 여섯 명이 리핀스키에게 높은 점수를 주었다. 만일 그 여섯 명의 심판들이 리핀스키가 아니라 콴에게 0.1의 점수를 더 주었다면 승자는 미셸 콴이 되었을 것이다.

리핀스키가 콴을 누르고 승리할 수 있었던 그 미세한 차이는 과연 무엇이었을까?

두 사람 모두 뼈를 깎는 훈련과 연습을 통해 자신의 모든 능력을 발휘했다. 그들의 실력 차이는 너무도 미세해 우열을 분명히 가리기가 힘든 상태였다. 그런데 우리는 과연 리핀스키가 금메달을 땄다는 이유만으로 그녀가 미셸 콴보다 좀더 노력했으며 소수점 이하의 차이만큼 더 잘했다고 자신 있게 말할 수 있을까?

분명 누구도 자신 있게 그렇다고 말할 수 없을 것이다. 그러나 억울하게도 우리 인생에서는 종종 이와 같은 일이 일어난다. 미세한 차이로 결정되는 금메달과 은메달, 일등과 이등….

이 두 명의 탁월한 운동선수들에게는 눈부신 미래가 열려 있다. 그들에게 중요한 것은 단지 올림픽 경기에서의 메달 획득이 아니라 자신의 인성을 개발시키고 인생에서 승리하는 것이다. 이 두 명의 여성들뿐만 아니라 우리 모두는 '어제는 역사이고, 내일은 신비에 싸여 있으며, 오늘은 신의 선물'이라는 오래된 속담을 진지하게 받아들여야 할 것이다.

바로 그 때문에 우리는 현재^{present}를 선물^{present}이라고 부른다. 모든 사람들이 진정으로 자신에게 주어진 현재의 시간을 선물로 간주한다면, 우리는 인생에서 보다 많은 좋은 것들을 성취하게 될 것이다.

남자와 여자는 다르다

Staying Up, Up, Up in a Down, Down World

　남자와 여자는 서로 다르다. 하지만 우리는 누구나 알고 있는 분명한 이 사실을 종종 간과함으로써 수많은 문제를 일으키곤 한다.

　배우자와 좀더 친밀한 관계를 유지하기 위해서는 우선 남녀 간의 차이와 의사소통 방식의 차이를 이해하는 것이 절대적이다. 서로에게 무언가를 부탁하는 일에 있어서도 우리는 잘못된 방법으로 인해 크고 작은 부딪침을 겪는다. 그 반복되는 부딪침 속에 서로의 감정이 다치게 되고, 행복한 결혼 생활 유지는 점점 먼 꿈나라의 이야기가 되어 간다.

　이제 작은 배려와 아이디어로 해결책을 모색해 보자.

　남자들은 말로 하는 것보다 글로 적힌 것을 훨씬 더 잘 이해한다.

　'여보, 귀갓길에 식료품 가게 맞은편에 있는 세탁소에 들러

서 세탁물을 좀 찾아다 주세요. 그리고 저녁 식사 준비를 위한 토마토 통조림 2개도 부탁해요.'

이런 식의 쪽지를 적극 활용해 보자. 분명 남편은 당신의 부탁을 충분히 받아들일 것이며 문제는 극적으로 해결된다.

반대로 남편은 아내에게 요구할 것이 있으면 사랑과 감사를 담아 정중히 말하라.

동일한 메시지를 대상에 따라 각각 글과 말로 전달한다. 이 방법을 적극 활용하다 보면 배우자와의 관계에 있어서 많은 오해의 소지가 줄어들게 된다. 그로 인해 쓸데없는 말다툼을 피하고 좀더 행복한 결혼 생활을 유지할 수 있다.

배우자와의 의사소통은 행복한 결혼 생활을 영위하는 데 있어 무엇보다 중요하다. 말하는 단어와 바라보는 시선, 손닿는 느낌, 그리고 배우자를 우선적으로 생각하는 배려를 통해 당신의 의사를 적극적으로 전달하라.

가족과 함께 규칙적인 식사를

Staying Up, Up, Up in a Down, Down World

학교 교육에 관한 전문 저술가 래리 블레이버그의 조사에 따르면, 가족과 함께 규칙적으로 식사를 하는 학생들은 그렇지 못한 학생들보다 가정생활이 더 행복하다고 말한다. 또한 장래에 대해서도 많은 관심을 보이며, 자신의 앞날을 위해 보다 많은 시간을 학업에 투자하고 혼전 섹스나 자살과는 거리가 먼 생활을 하고 있었다.

우수한 성적을 올린 청소년들을 뽑아 상을 주는 한 출판사의 소유주이자 설립자인 폴 크로우스는 이렇게 말한다.

"가족이 함께 식사를 하게 될 때, 가족들은 단지 먹는 것 이상의 많은 것을 함께 한다."

그의 말에 따르면 그런 가족은 서로에게 관심을 가지고 진정으로 생활을 함께 공유한다는 것이다. 사실상 일주일에 단지 두세 번 정도 가족이 함께 모여 한 자리에서 식사하는 것은 그다지 힘들거나 어려운 일이 아니다. 그로 인해 초래될 많은 변화에 비하면 말이다. 그게 일요일 아침 식사인지 토요일 점심 식사, 또는 금요일 저녁 식사인지는 중요치 않다. 규칙적으로 함께 식사한다는 사실이 무엇보다도 중요한 것이다.

블레이버그는 식사 시간에 자리를 함께 하면 자녀들의 문제점과 고민거리를 쉽게 찾아낼 수 있다고 지적한다. 그것은 아이들 또한 마찬가지여서 가족 구성원 모두는 그런 시간 속에서 서로를 이해하고 결속력을 다지게 된다.

또 크로우스는 이런 이야기를 덧붙였다.

"홀부모 가정이 문제가 많다고 정확히 말해 주는 통계는 아직까지 없다. 홀어머니나 홀아버지도 얼마든지 아이들에게 좋은 역할 모델이 될 수 있다."

아빠는 중요해

Staying Up, Up, Up in a Down, Down World

1997년 10월 3일 자 〈USA 투데이〉 지에는 다음과 같은 기사가 실렸다.

'아버지가 아이의 학업에 많은 관심을 갖고 있는 경우, 아이들이 높은 점수를 받을 확률은 대단히 높다. 반대로 유급이나 퇴학을 당할 확률은 아주 낮아진다. 아버지가 아니라 어머니가 관심을 보이는 경우도 마찬가지이다.'

부모가 관심을 보일 때 왜 아이들의 학업성취도가 높아지는가? 부모의 관심은 아이들에게 이런 메시지를 전달하고 있기 때문이다.

"넌 나에게 소중한 존재야. 그래서 너의 교육 역시 소중해."

17,000명에 달하는 학생, 부모들과의 인터뷰를 통한 연구에 따르면, 부모가 모두 자녀의 학업에 관심이 높은 경우 51%의 자녀가 A학점을 받았다. 아버지만 그럴 경우에는 48%, 어머니

만이 관심을 가질 때는 44%가 A학점을 받았다. 반면 부모가 모두 관심이 없을 때는 불과 27%만이 A학점을 받았다.

이 대단히 흥미로운 결과가 우리에게 시사 하는 바는 매우 크다. 부모가 모두 자녀 교육에 관심을 갖지 않는다면 명백히 자녀들이 학교생활을 제대로 할 수 없다!

부모의 관심을 받고 자란 아이들은 그들의 자녀들에게 자신이 받은 만큼 똑같이 베푼다.

다른 무엇보다도 우리는 바로 이 점에 주목해야 한다.

당신의 아이는 당신과 똑같은 모습을 그들의 아이들에게 보이기에, 당신은 자녀들에게 많은 애정과 관심을 가져야 하며 좋은 부모가 되기 위해 끊임없이 노력해야 한다. 언젠가 당신의 아이들이 어른이 되고 그들이 좋은 부모가 되었을 때, 당신 역시 자랑스러운 조부모가 될 것이다.

우리가 받은
놀라운 선물에 감사하자

Staying Up, Up, Up in a Down, Down World

헬렌 켈러는 생후 19개월에 앓은 심각한 질병으로 청각과 시각이 심하게 손상되었다. 그녀는 하루하루를 눈을 통해 세상을 볼 수 있는 마지막 날인 것처럼 눈에 감사하는 마음가짐을 가지고 살아가라고 우리에게 충고한 바 있다. 우리는 과연 우리를 둘러싼 모든 것들과 가족, 동료, 아이들의 모습을 볼 수 있게 하는 눈의 귀중함을 얼마나 깨닫고 있는가?

우리는 시력 외에도 많은 감각 기관을 가지고 있다.

나는 수년 전, 원인을 알 수 없는 병으로 인해 어느 날 갑자기 청각을 잃은 한 보험회사 직원을 알고 있다. 다른 무엇보다도 그는 청각을 잃게 되었을 때 사랑하는 이와 친구들로부터 "사랑해, 보고 싶어."라는 말을 두 번 다시 들을 수 없게 되었다는 사실이 너무나 견딜 수 없었다고 한다.

후각은 또 하나의 당연한 기쁨을 선사한다. 맛있는 식사가 만들어 질 때의 냄새 혹은 다양한 꽃들의 향기, 새로 깎은 신선한 잔디내, 뽀얗고 싱그러운 아기의 냄새, 나의 빨간머리 아내가 즐겨 뿌리는 향수 내음…….

오늘 아침 나는 오디오 테이프를 들으며 헬렌 켈러가 한 말을 다시 한 번 떠올렸다. 그리고 나 역시 이 모든 듣고 보고 맛보고 만지고 냄새 맡는 감각을 너무도 당연하게 여겨 무시하고 있었다는 사실을 깨달았다.

우리 모두 잠시 시간을 내 우리에게 주어진 이 놀라운 선물에 감사를 표하자. 하루종일 자신이 축복받았음을 느낄 것이다.

여자의 마음을 얻는 법

Staying Up, Up, Up in a Down, Down World

이 충고는 대부분의 독자들, 특히 남성 독자들을 분명 놀라게 할 것이다. 당신은 아내의 마음을 얻을 수 있는 다음의 충고를 새겨두어야 한다.

당신이 아내의 말에 귀 기울이고 그녀를 존중한다면, 그녀에게 잘못을 빌고 비싼 선물을 사다 바치는 것보다 더 큰 효과를 볼 것이다.

그리고 그로 인해 그녀가 자신감을 갖게 된다면 아내는 분명 당신을 사랑스런 태도로 대하게 된다.

1,744명의 남녀를 대상으로 실행한 한 연구 결과에 따르면 44%의 여성들이 자신의 이야기에 귀 기울여 주는 누군가를 필요로 한다고 말한다. 남성의 경우 44%가 아내의 문제를 도와줄 때 자부심이 커진다고 한다.

결론은 다음과 같다. 아내가 말하는 것을 남편이 귀담아 들어줄 때 모두가 만족한다. 아내는 남편이 자신의 말에 귀 기울이기 때문에 만족하고, 남편은 그렇게 만족하는 아내의 모습을 보며 또한 기뻐할 것이기 때문이다.

문제는 대다수의 여성들이 결혼이나 연애 관계에서 그런 감정적인 격려를 받지 못한다는 데 있다. 즉, 현실에서는 많은 여성들이 자신의 말에 귀 기울이지 않는 남자들로 인해 불행해한다는 것이다. 반면 65%의 남성들은 배우자로부터 자신에게 필요한 감정적 격려를 받고 있다고 믿는다.

대부분의 문제들이 단지 주의 깊게 듣고 그에 대해 적절한 행동을 취하는 것으로 해결된다는 건, 정말 너무도 실행이 간단하고 쉽지 않은가?

좀더 주의 깊게 들어라, 단지 그뿐이다. 그로 인해 당신과 당신의 아내는 더욱 행복하고 친밀한 관계를 맺게 될 것이다.

받기 위해서가 아니라 받았기에 베풀어라

Staying Up, Up, Up in a Down, Down World

다음의 글은 내 친구 찰리 존스가 손자들에게 보낸 편지의 일부를 인용한 것이다.

베푸는 것에 대해 다음과 같이 행해라.

받기 위해 베풀지 말고, 받았기 때문에 베풀도록 해라. 베푸는 것은 근육과 같은 것이다. 튼튼해지기 위해 운동을 해야 하는 것처럼, 너희는 사람이 되기 위해 베풀기를 운동처럼 해라. 너희들이 이것을 실천하지 않는 한 그 어느 것도 진정으로 누릴 수 없을 게다.

베푸는 것에는 믿음, 사랑, 재능과 돈이 포함된단다. 언젠가 너희들은 깨닫게 될 것이다. 우리가 베푸는 것이 아니라 우리가 받았던 바의 작은 일부를 되돌려 주고 나누는 것이라는 점을.

결정에 대해서는 다음과 같이 하도록 해라.

너희들이 더 많은 결정을 하게 될수록 너희들의 삶은 더 대단해질 것이다. 적당한 시간을 기다리지 말고 지금 당장 무언가를 실행하도록 해라. 중대한 결정에 대해서만 걱정하지 말고 사소한 많은 결정을 해라. 중대한 결정이란 사소해 보이는 법이다.

너희들이 해야 할 일은 올바른 결정을 하기보다 어떤 결정을 하고 그 결정을 올바르게 만들어 가면서 너희들의 삶을 투자하는 것이란다. 너희들은 살아가면서 결혼과 일이라는 두 가지 중대한 결정을 하게 될 것이다. 하고 싶은 것을 찾지 마라. 단지 해야 할 필요가 있는 일을 찾아서 그 일을 할 수 있도록 준비를 해두어라. 다른 사람들이 자신이 하고 싶은 일을 찾아다니느라 삶을 낭비하는 동안 너희들이 해야 할 필요가 있는 것을 한다면, 그러한 일을 하는 기쁨을 누리는 특권을 얻게 될 거다.

더 나은 직장을 찾으려고 시간을 허비하지 마라. 더 좋은 일을 하면 더 좋은 직장을 가지게 될 테니까.

인생에 쉼표를 찍어라

Staying Up, Up, Up in a Down, Down World

'약속 파수꾼'이라는 단체는 남성들에게 보다 책임감 있는 아버지와 남편이 되는 법을 가르치기 위해 만들어진 조직이다. 이 운동에 쏟아진 기대와 관심은 실로 엄청났으며, 그 결과 역시 대단히 극적이었다.

마찬가지로 여성들 사이에서도 대단히 흥미로운 일이 일어났다.

19,600명의 내슈빌 여성들은 '가슴을 새롭게 하기'라는 모임에 참석했다. 이 모임의 초대장은 일찌감치 동이 났으며, 저렴한 참가비로 그린즈버러, 샌 안토니오, 필라델피아, 탬파 등에서도 거행되었다.

이 운동은 여성들의 영적인 부활과 동료의식을 통해 희망과 용기를 고취시키자는 취지를 가지고 있다.

'가족에 초점 맞추기' 운동의 설립자이자 '가슴을 새롭게 하기'의 후원자인 제임스 돕슨 박사는 이 운동을 조용히 멈춰 서서 명상할 수 있는 기회 즉, '쉼표의 공간'을 주는 것이라며 다음과 같이 말했다.

"가족, 직장, 사회에서 끊임없이 갈등하고 부딪치는 여성들에게 이 모임은 안식처이자 회복의 시간이며, 자신의 인생을 재평가하는 기회가 되고 있습니다. 또한 인생의 여정에서 이미 모든 준비를 마친 사람들에게는 다른 이들을 격려하고 함께 할 수 있는 기회가 될 것입니다."

이렇듯 가족의 가치를 강화하고 현대적인 가족생활의 압력에 대처 할 수 있는 수단을 제공하며, 그 동안 우리가 주장해 온 근본적인 가치로 되돌아갈 것을 외치는 운동과 조직이 새롭게 부상(浮上)하고 있다는 사실은 추락하는 이 세상에서 대단히 흥미로운 일이 아닐 수 없다.

직장은 장난이 아니다

Staying Up, Up, Up in a Down, Down World

어떤 사람이 다른 이에게 질문을 했다.
"회사를 위해 얼마나 오랫동안 일해 왔습니까?"
그러자 질문을 받은 사람은 미소를 지으며 대답했다.
"회사가 나를 해고하겠다고 위협한 이후부터입니다."

사람들은 노동 강도가 심해진 것에 많은 불평과 불만을 토로하지만 최근 〈U. S. 투데이〉 지에 실린 기사에 따르면 그렇게 불평하는 사람들의 52%가 자기 직업에 만족을 표시했다고 한다. 또한 객관적으로 노동 강도가 심한 직종에서 일하는 사람들의 65%가 자기 직업에 만족을 표시했다. 반면 일을 적게 하거나 노동 강도가 그다지 높지 않다고 느끼는 사람들 중에서는 자기 직업에 만족을 표시한 이들이 불과 45%에 지나지 않았다.

가능한 일은 적게 하면서 최대한 많은 임금을 받고자 하는 우리의 통념에 비추어 볼 때, 이 결과는 상당히 흥미롭다. 55%의 자기 일에 만족을 느끼지 못하는 사람들의 불만은 자신의 시간, 재능, 능력이 적절하게 사용되고 있지 않다는 생각에서 비롯된다.

스스로에게 '오늘은 정말 기분 좋은 날이야. 내 몫 이상의 일을 해서 너무 뿌듯하고, 나 자신에 대해 대견함을 느껴' 라고 말할 때보다 만족스러울 때는 없을 것이다.

직장에서 열심히 일하는 생산적인 직장인은 그렇지 못한 직장인에 비해 좀더 행복할 수 있고, 이직을 위해 두리번거리는 횟수 또한 적을 것이다. 그렇기 때문에 노동자들은 회사에서 수지가 맞는 일을 해야 한다. 생산성이 높아지면 사람들은 노동 강도가 결코 부여해 줄 수 없는 만족감과 충만함을 느끼기 때문이다.

내게 다시 한 번 기회가 주어진다면

Staying Up, Up, Up in a Down, Down World

만약 내게 다시 한 번 기회가 주어진다면 나는 내 삶을 바꾸고 싶다, 아주 간절히.

- 나는 아이들 앞에서 아내에게 좀더 많은 애정 표현을 하고 싶다.
사랑하는 마음만큼 중요한 게 그것을 표현하는 것이고 표현하는 만큼 사랑은 더 커지기 때문이다.
- 나는 실수에 웃음으로 대처하면서 즐거움을 나누고 싶다.
웃음은 행복을 가져오며 행복한 가정은 훨씬 문제가 줄어들기에.
- 가장 어린 꼬마의 말이라도 누구보다 더 진지하게 귀 기울이겠다.
꼬마 아이들에게서 튀어나오는 지혜의 진주는 우리에게 많은 것을 일깨워 주는 놀라운 능력을 가지고 있다.
- 나는 완벽을 가장하고 싶지 않으며 내 약점에 보다 솔직해지겠다.

어린아이들은 우리가 완벽하지 않다는 것을 누구보다 잘 알고 있다. 아이들처럼 우리의 인간다운 면모를 인정함으로써 우리는 보다 편안한 삶을 영위할 수 있다.

- 나는 스스로에게 집중하고 가족을 위해 조금 다르게 기도하겠다.
결국 모든 것의 출발 지점은 바로 나이기 때문이다.
- 나는 아이들과 보다 많은 것을 함께 하고 싶다.
많은 아버지들이 자녀들과 함께 산책하고 이야기하고 놀고 쇼핑하고 낚시하며 자전거를 타느라 귀중한 시간을 허비하기에는 너무 바쁘다고 말한다. 그러다가 아이들이 자라면 그들과의 유대관계가 약하다고 한탄한다. 명심해라, 자녀들과의 유대관계는 바로 그들과 함께 시간을 보낼 때 형성된다는 것을.
- 나는 보다 격려하고 보다 많은 칭찬을 하고 싶다.
흔히 격려는 희망의 연료라고 말한다. 노력에 대한 칭찬은 계속해서 좀더 많은 노력을 하게 만드는 힘이 된다.
- 자녀들에게 실수를 하게 되었다면, 그것을 인정하고 아이들에게 용서를 구할 것이다.
- 사랑과 다정함을 표현하는 사소한 행동이나 말들에 더 많은 관심을 기울이겠다.
정말 사소한 표현일지라도 그것을 평생 반복한다면 엄청난 변화를 가져다 줄 것이다.
- 날마다 일어나는 평범함 속에서 존재의 고마움과 살아 있는 모든 것에 대한 축복을 하고 싶다.

내 인생의 우선순위는 무엇인가

Staying Up, Up, Up in a Down, Down World

댈러사이트 브루스 리츠케는 PGA 투어에 참가하는 수많은 골프선수 중에서 매우 독특한 선수 중의 한 명이다. 그는 오랫동안 몇 개의 경기에만 제한적으로 출전해 왔다. 또한 규칙적으로 연습하지도 않으며, 때로는 골프채 한 번 잡지 않고 몇 달을 보내기도 한다.

그는 이에 대해 스윙은 자신의 일부이기에 원하는 곳 어디서건 그것을 즉각적으로 할 수 있기 때문에 별도로 연습할 필요가 없다고 말한다.

한 번은 리츠케의 캐디가 그가 얼마나 연습을 하지 않는가 시험해 보기 위해 시즌이 끝날 무렵 리츠케의 골프백에 바나나를 집어넣었다. 그리고 몇 달이 지난 뒤 골프백을 열자, 그 안에서 손도 대지 않은 채인 말라비틀어진 바나나가 나왔다.

이와 같은 리츠케의 방식은 그가 자신이 세운 인생의 우선순위를 존중하기 때문이다. 그는 자신의 삶에 있어 아내인 로즈

마리와 아들 스티븐, 그리고 딸 크리스틴이 가장 소중한 존재라고 말한다. 결혼을 하고 난 뒤부터 그에게는 오직 가족이 최우선이었다. 또한 그는 스티븐의 캐디 노릇과 소프트볼 선수인 크리스틴의 코치 노릇을 하기 위해 1997년 6월부터 10월까지 단 한 차례도 골프 경기에 출전하지 않았다.

그러나 이런 제한된 참가에도 불구하고 그는 통산 13회의 우승 기록을 가지고 있으며 1998년 밥 호프 클래식에서는 공동 선두로 나섰다가 연장전에서 프레드 커플스에게 패했다. 그러나 나는 분명 그가 다음 번 시니어 투어에서는 대승을 거둘 것이라 확신한다.

그 동안 그는 가족과 함께 인생을 즐기고 있다.

Staying Up, Up, Up in a Down, Down World

part 3

자신의 말을 보증수표로 만들어라

윤리 혹은 성실의 딜레마

Staying Up, Up, Up in a Down, Down World

때때로 나는 다양한 직업에 종사하고 있는 우리들 모두가 과연 팀워크의 중요성을 얼마나 인식하고 있는지 궁금하다. '득점을 올리는 것은 개인이지만, 경기에서 이기는 것은 팀이다.'라는 진부하지만 팀워크의 핵심을 담고 있는 경구가 떠오른다.

비즈니스 세계에서 팀워크의 개념은 중요하다. 매사추세츠 주 벨몬트 시에 있는 윤리담당협회의 이사 에드 페트리의 말에 따르면 팀워크에는 '윤리 혹은 성실의 딜레마'라고 이름 붙일 수 있는 한 가지 문제가 늘 존재한다고 한다. 이에 대해 페트리는 〈USA 투데이〉의 기고문을 통해 다음과 같이 지적하고 있다.

"어느 팀에나 청탁이나 뇌물 등의 비윤리적인 일들이 언제나 존재하기 마련이다. 문제는 그 일을 '사장님에게 말할 것인가'이다. 말을 할 경우 한 팀을 이뤄 일을 하는 게 더 어렵게 된다."

이에 대해 메인 주 캠덴 시의 세계윤리학협회 그레이엄 파업은 이렇게 말한다.

"그것은 진실이냐 의리냐의 문제이다. 진실을 말하고 우정을 잃는 것이 과연 옳은 일인가?"

해결 과정에서 문제를 파헤치고 제기한 사람들은 나머지 팀원들과 갈등이나 마찰을 빚을 소지가 있다. 이것이 바로 진정한 딜레마인 것이다.

이때가 바로 문제를 해결하는 데 있어 성실한 경영이 중요해지는 시점이다. 직원들이 경영진에게 온전한 신뢰를 지닌다면, 그리고 자신들의 신뢰가 결코 배신당하지 않을 것이라는 점을 인식한다면, 그들은 자신들 모두에게 잠재적으로 위협이 될 수 있는 상황을 좀더 쉽사리 보고하게 될 것이다.

이것이야말로 성실성이며, 성실성이야말로 우리가 매일 발전시키고 유지할 필요가 있는 자질이다.

시간을 만들어라

Staying Up, Up, Up in a Down, Down World

당신은 최근 다음과 같은 말을 듣거나 한 적이 있는가?

"지난주에 전화하려고 했는데 너무 바빴어."

"해야 할 일이 산더미 같은데 좀처럼 시간이 나질 않네."

당신이 아무리 눈코 뜰 새 없이 바쁘다 해도 다음의 열 가지 일을 하기 위한 시간은 반드시 내야 한다.

1 일은 성공의 대가이므로 반드시 일을 할 시간을 내야 한다.
2 생각하는 것은 힘의 원천이자 훌륭한 결정을 하는 열쇠이다. 그러므로 반드시 생각할 시간을 내야 한다.
3 놀이야말로 청춘을 유지하는 비결이다. 죽어라 일만 하는 것은 당신의 몸과 마음을 무디게 만들므로 여가를 잘 활용하라.
4 독서는 지식의 기초이므로 독서할 시간을 내야 한다.

5 기도는 우리의 눈을 뜨게 해주고 마음의 먼지를 털어내 준다. 기도하는 시간을 가져라.
6 위안과 행복의 주 원천인 친구들을 돕고 그들을 즐겁게 해줄 시간을 내야 한다.
7 우리의 삶에서 가장 중요한 것은 사랑이다. 그럼에도 불구하고 우리는 사랑을 너무도 많이 놓치고 있다. 사랑할 시간을 내라.
8 꿈이란 희망을 세우는 초석, 그 꿈을 꿀 시간을 가져야 한다.
9 영혼의 음악인 웃음, 그 음악을 연주할 수 있는 시간을 많이 가져야 한다.
10 계획은 앞서 아홉 가지 일을 할 수 있는 시간을 가지게 하는 비결이다. 계획하는 시간을 가져라.

우리 삶에 가장 중요한 것들은 물질적인 것이 아닌 셀 수 없는, 계량할 수 없는 것들이다. 위에서 말한 일들을 할 시간을 가져라. 그리고 균형 잡힌 삶을 누려라.

승진하는 방법

Staying Up, Up, Up in a Down, Down World

연봉의 많고 적음을 떠나, 우리는 누구나 연봉 인상을 간절히 바란다. 하지만 많은 이들이 책임의 증가는 회피하면서 연봉 인상만을 바라고 있다. 이는 현실적인 태도가 아니다. 대부분의 경우 승진과 연봉 인상은 과거의 노력과 미래의 기대 때문에 주어지는 것이다.

어떻게 그러한 연봉 인상이나 승진을 얻어내는가?

우선 매일 아침 15분씩 일찍 출근하라. 15분 일찍 출근하면 하루를 제대로 시작할 수 있다. 고용주들은 당신이 일찍 출근한다는 것을 알아본다. 늦게까지 일하는 것보다 일찍 출근하는 것이 훨씬 더 효과적이다.

다음으로 마치 그 일에 승진이 달려 있는 것처럼 각각의 업무를 열심히 처리해라.

물론 각 업무가 자동적으로 승진과 연결되진 않는다. 하지만 하나하나가 쌓이면 그 효과는 무시할 수 없는 작용을 한다. 각 업무에 최선을 다할 때 여러분은 긍정적인 평가를 얻게 될 것이고, 이는 훌륭한 안전장치이자 승진 보험인 것이다.

그리고 자신이 하는 일에 흥분과 열의를 보이고, 그러한 열의가 얼굴의 미소로 나타나게 하라.

여러분의 지식을 증가시키고 능력의 수준을 올리는 것과 관련된 유쾌한 행동과 낙관적인 태도는 매우 바람직하다. 또한 이렇게 기초적이면서도 작은 접근법들이 당신의 고용주-궁극적으로는 당신 자신에게 행복을 선사할 것이다.

개성

Staying Up, Up, Up in a Down, Down World

지그 지글러 사전 가라사대, 개성이란 '어떤 사람을 다른 이들과 구별 짓는 행동이나 성격, 개별적인 자질'이라고 정의된다.

개성은 능력, 관심사, 태도를 포함하여 한 개인의 육체적·지적·정서적인 전체 구조이며 우리의 모든 자질을 전부 합한 것이다. 따라서 우리가 누군가를 판단한다고 할 때는 이 개성을 판단하는 것이다.

오늘 점심 식사 때에도 그런 일이 일어났다. 아내와 난 한 패밀리 레스토랑에서 식사를 하고 있었는데 그때 여종업원이 지나가다 미소를 띠며 우리에게 식사가 어떠냐고 물었다. 우리는 음식이 대단히 맛있다고 대답했다. 그러자 그 여종업원은 더욱 크게 미소를 지으며 말했다.

"손님께서 저희 식당에서 맛있게 식사를 해주시니 정말 기분이 좋습니다."

그녀가 가고 난 후 아내에게 방금 그 여종업원은 상냥하고 품위 있는 여성이 분명하다고 말했고 아내도 진심으로 내 말에 공감했다.

너무도 많은 사람들이 미소 지을 수 있다는 사실을 망각한 채 얼굴을 찡그리고 사리분별 없이 무례하게 행동한다. 그런 행동이 습관으로, 성격으로 굳어진다면 아무도 그를 친구나 동료로 삼고 싶어하지 않을 것이다.

우리 모두는 첫 만남 후 불과 몇 초 안에 한 개인에 대해 본능적으로 판단하고 첫인상을 결정한다. 그렇기 때문에 우리는 아이들에게 미소 짓는 법을 가르쳐야 한다. 또한 예의 바르고 타인을 존중하며 요구나 질문에 공손하고 유쾌하게 대답하도록 가르쳐야 한다.

훌륭한 개성은 무수히 많은 기회의 문을 열도록 도와준다. 그러므로 아이들이 좋은 개성을 가지도록 토대를 구축해 주는 것이야말로 무엇보다 중요하다.

고결한 원칙을 따라라

Staying Up, Up, Up in a Down, Down World

고결하다고 지도자가 될 수는 없지만 고결하지 않고서는 절대 지도자가 될 수 없다!

고결함이 무엇인지 가장 잘 보여준 본보기가 바로 크리스털 제조업체 스튜벤 사의 경영 철학이다. 몇 세대에 걸쳐 이어져 온 이 회사는 아무리 사소한 결함이라도 결함이 있는 크리스털은 공장 밖으로 내보내지 않고 깨뜨려 버리는 것을 전통으로 삼고 있다. 이는 고객뿐 아니라 직원들에게까지 매우 상징적인 행위로 자리 잡았다.

이와 마찬가지로 무릇 진정한 지도자는 가치 수준과 눈높이를 높게 잡고 모든 조직원의 모범이 되는 역할 모델 역할을 충실히 수행해야 한다. 지도자가 조직의 가치를 옹호하고 그대로 행동하지 않는다면 누가 그것을 지키고 따르겠는가?

지도자는 대부분의 경우 남들보다 앞서 많은 결정을 내려야 하는 사람이다. 그때마다 그는 원칙에 따라야 한다. 예전에는 한 번도 이와 비슷한 사례가 없었다고 우왕좌왕할 필요 없이 고결한 원칙에 따라 지도해 나가야 한다.

   또한 고결한 지도자는 자신이 실수할 수도 있다는 것을 알고 있다. 하지만 그 실수를 즉시 시인하고 바로 교정한다. 이는 그들이 자신의 부족한 점을 인정할 만큼 현명한 사람이라는 의미이다.

   전 노트르담 미식축구팀 수석 코치였던 루 홀츠는 일관적으로 자신의 책과 강연을 통해 '올바른 일을 하라.'고 사람들에게 충고했다. 당신이 올바른 일을 했다면 비록 결과가 좋지 않다고 해도 당신의 고결함은 훼손되지 않는다. 또한 당신의 추종자들도 당신에 대한 신뢰감을 버리지 않는다. 왜냐하면 당신이 고결한 사람임을 잘 알고 있기 때문이다.

> 우리를 드러내는 방식
>
> Staying Up, Up, Up in a Down, Down World

말보다는 그 사람의 됨됨이가 훨씬 더 많은 것을 드러내 보여준다는 오래된 격언이 있다.

실제로 우리가 자신을 드러내는 방식은 다양하다. 우리가 다니는 회사, 우리의 생활 방식과 여가를 활용하는 방식, 우리가 입고 있는 옷, 말하는 방식, 성공이나 실패에 대처하는 모습, 또한 우리보다 정신적·육체적·물질적·사회적으로 좀더 불운한 사람들을 대하는 태도, 미소나 찡그림 혹은 공감과 분노를 드러내는 표정 등은 우리가 어떤 사람이며 어떤 신념을 가진 사람인지를 여지없이 드러낸다. 즉, 우리는 스스로에 관해 떠들어대며 걸어 다니고 있는 백과사전인 셈이다.

일단 우리가 행하는 모든 것이 우리의 됨됨이를 보여주는 유리 상자가 된다는 점을 인식한다면, 우리는 필연적으로 변화할 수밖에 없고 자기 지향적이 아닌 타인지향적인 생활을 하게 될 것이다.

C. S 루이스는 이에 대해 다음과 같이 간결하게 표현한 바 있다.

"다음 세상을 바라보면서 살아간다면, 당신은 그것을 얻게 될 것이다. 하지만 당신이 오로지 이 세상만을 바라보면서 살아간다면 이 세상과 저 세상, 두 가지 모두를 잃게 된다."

우리가 이 세상을 위해 살아가는지 아니면 다음 세상을 위해 살아가는지는 타인을 대하는 태도에서 드러난다. 바로 우리의 신념, 우리의 가족, 비즈니스에서 보여주는 행동, 친구·친척·이웃에 대한 배려와 관심을 통해.

"도움을 베풀기 위해 멈추지 않았더라면 선한 사마리아인 이야기는 결코 전해지지 않았을 것이다."

마가렛 대처 전 영국 수상은 이렇게 말했다. 우리 모두에게는 우리가 느낀 애정을 다른 사람들에게 베풂으로써 선한 사마리아인이 될 수 있는 잠재력이 있다.

스티븐 알터번은 "크게 승리하려면 작은 것에서부터 승리하라. 또한 무엇을 하든지 간에 탁월하게 하라. 동시에 봉사를 하라. 다른 사람에게 봉사하기 위해 성공하는 사람은 오로지 권력만을 추구하는 사람들이 결코 얻을 수 없는 진정한 성공을 얻게 될 것이다."라고 했다.

당신이 선한 사마리아인이 행했던 선한 행동을 베푼다면 이 세상에서 보다 나은 삶을 영위할 뿐만 아니라 상상하지도 못할 정도의 영생을 얻게 될 것이다.

친절하다는 것은 잘하는 일이다

Staying Up, Up, Up in a Down, Down World

친절함에 대해 정의를 내리는 것은 쉽지 않다. 그러나 우리는 상대방의 호의나 친절은 즉각적으로 감지하곤 한다. 때때로 우리 사회의 통념은 친절한 사람을 내면적으로는 다감하지만 나약한 사람이라고 간주해 버리는 경향이 있다. 하지만 그것은 사실이 아니다. 그들은 자신감 있고, 인간적이며, 무엇이 효과적인지를 그 누구보다 잘 안다. 그렇기 때문에 그들이 친절할 수 있는 것이다.

로버트 레버링과 밀턴 모스코비츠, 마이클 캐츠는 『미국에서 일하고 싶은 100대 회사』『정말로 일하기 좋은 곳』이란 책을 공동 저술 했다. 그들은 이 책에서 정말로 일하기 좋은 곳이란, "서로를 신뢰하며 자기가 하는 일에 자부심을 가지고 동료들과 즐겁게 일할 수 있는 곳"이라고 말한다.

또한 미국 노동성은 전통적 기업 경영 철학인 '명령과 통제'

로 경영하는 75개 회사와 노동자 경영 참여, 훈련, 트레이닝, 팀워크, 수익분배 등의 프로그램을 실시하는 진보적인 회사75개를 비교해 보았다. 5년에 걸친 비교 기간 중 전통적인 회사가 연간 2.6%의 평균 신장률을 보인 반면, 진보적인 회사는 연간 10.8%의 신장률을 보였다. 또한 매출 성장 비율은 10% 대 17.9%였다.

또 다른 조사에 따르면 사람들은 유머감각이 있는 사람, 신용할 수 있고 잘 웃는 사람, 다른 사람들을 격려하고 인생에 대한 긍정적인 태도를 가진 사람, 자기가 하는 일을 진지하게 받아들이는 사람을 좋아한다고 답변했다.

당신 역시 이 결과에 동의할 것이다.

그리고 이런 친절과 관련된 모든 자질들은 타고나는 게 아니라 배워 나가는 기술임을 명심해야 한다. 당신 역시 이런 자질을 가진 친절한 사람이 됨으로써 커리어를 성장시킬 수 있다.

자신의 의사를 명확하게 표현하라

Staying Up, Up, Up in a Down, Down World

여행 중인 한 부부가 길을 물어 보기 위해 어느 농가의 대문을 두드렸다. 그들은 집 안에서 나온 노인에게 길을 묻고, 물도 얻어 마셨다. 그러다 남편이 노인에게 말을 건넸다.

"여기서 사시면 상당히 외로우시겠어요."

노인은 이렇게 대답했다.

"고독이란 마음에 반영된 경향들을 과민하게 만드는 일종의 마음상태입니다. 하지만 아주 어린 시절부터 밀실공포증에 시달려 온 저로서는 이토록 경이로운 자연 풍광 속에 제 거처를 정하고 사는 것이 너무나 평화롭고 만족스럽답니다. 이는 제게 바람직할 뿐만 아니라 우리 모든 인간에게 근본적으로 꼭 필요한, 매우 필수적인 생활이기도 하죠."

부부는 아무 말 없이 차를 몰고 떠났다. 잠시 후 아내가 아인슈타인에게 고개를 돌리고 물었다.

"당신은 왜 아무 말씀도 하시지 않았어요?"

우리는 가끔씩 번지르르하지만 아무런 알맹이가 없는 말이나, 똑똑하다는 인상을 심어 주겠다는 의도로 화려한 미사여구를 동원한 말을 듣곤 한다. 그런 말을 들을 때마다 우리는 주춤하게 된다. 그 말에 감탄하는 사람은 오직 그 말을 하고 있는 당사자일 뿐이다.

말을 정말로 잘하는 사람은 듣는 이가 혼동을 일으키지 않도록 명확하게 말하는 사람이다. 자신의 의사를 분명히 그리고 명확하게 표현해라. 그래야 비로소 자신과 그 말을 듣는 사람 모두에게 도움이 되며, 최상의 관계를 획득하고 유지할 수 있는 기회를 갖게 된다.

앞의 일화는 분명 상상력을 동원해 지어낸 이야기겠지만 우리를 잠시 생각에 잠기게 한다.

여성은 신뢰할 만하다

Staying Up, Up, Up in a Down, Down World

〈월스트리트 저널〉에 따르면 1989년부터 1995년의 불과 6년 사이, 1,500만 개의 새로운 사업이 창출되었다고 한다. 그리고 사업을 시작한 창업자의 절반 이상은 여성이었다. 그런 여성 창업자에게는 여러 가지 공통점이 있었다.

첫째, 그들 대다수가 절실한 재정적인 도움을 필요로 했다.

둘째, 창업을 하는 데 필요한 특별한 기술을 가지고 있지 않았다.

셋째, 신용사업으로 시작했다.

여기서 신용사업이란, 고객에게 먼저 돈을 받고 그 후에 물건을 가져다주거나 용역을 제공하는 식의 사업을 말한다. 재미있는 현상은 이들이 약속을 지키지 않아 고발당한 경우는 단한 건도 없었다는 것이다.

외관상 이들은 모두 이혼을 당하거나 혹은 버림을 받거나 회사의 감원 정책으로 실업자 명단에 오르게 됨으로써 누구보다 돈이 필요했던 사람들이었다. 그러나 이들은 자신에게 닥칠 불행에 이를 갈면서 불평하는 대신 새로운 분야를 개척했다. 그렇게 상상도 못했던 불행을 자신들에게 주어진 기회로 삼았고, 마침내 자신의 손에 쥐어진 레몬^{역자 주 : 불량품, 불법, 고난 등의 안 좋은 뜻을 가지고 있다}을 레모네이드로 만들었다.

  시작은 1인 사업의 형태였지만 그녀들은 점차로 회사를 확장시키고 고용을 창출해 경기를 호전시킨 원동력이 되었다. 그 결과 실업률을 오늘날같이 최저치로 낮추는 데 큰 역할을 했다.

  이들은 필요에 의해서 어쩔 수 없이 시장에 뛰어들었다. 그렇지만 모든 걸 극복하고 성공을 움켜쥐었기에 이제는 어쩔 수 없었던 그때의 상황을 감사하게 생각하고 있다.

상식과 예의범절이야말로 중요하다

Staying Up, Up, Up in a Down, Down World

우리 어머니는 아주 어렸을 때부터 언제나 예절바르고 공손하게 다른 사람을 배려하라고 우리를 가르치셨다. 그밖에도 어머니에게서 여러 공손한 말과 함께 입 속에 음식이 있을 때는 말하지 말라는 등의 몇 가지 기본적이며 세세한 것들도 함께 교육받았다.

1996년 한 연구에 따르면 미국인들의 78%가 지난 10년 동안 우리가 점점 무례해지고 있음을 실감하고 있으며, 그로 인해 귀중한 것을 침해당하고 사회가 점점 폭력적이 되어 간다고 대답했다.

몇몇 보고서에 따르면 구직자들의 경우, 식사 면접 시 면접관 혹은 고용주가 식사를 시작하기도 전에 먼저 먹거나 음식의 맛을 보기도 전에 소금을 치는 등의 성급한 결정을 내리는 경향이 일자리를 얻는데 어려움으로 작용했다고 한다. 그들의 성급하고 몰상식한 행동이 그 같은 결과를 초래하는 것이다.

이 경우 많은 부분이 상식적인 예의를 갖추고 있는가가 문제가 된다. 이런 상식적인 예의는 다른 사람의 최대 관심사가 무엇인지 배려하는 마음에서 출발한다. 비즈니스의 관점에서 다른 사람의 최대 관심사는 곧 우리의 최대 관심사가 된다는 게 명백히 드러났다.

하버드 대학과 스탠퍼드 대학의 연구 기관 및 카네기재단에서 이루어진 여러 연구 결과들에 따르면 직장에서 성공 능력을 100으로 봤을 때 그 중 85%가 사람들을 다루는 능력이며 오직 15%만이 기술적 지식과 업무 능력에 달려 있음이 입증되었다.

분명한 것은 올바른 태도와 상식을 가지고서 다른 사람들과 효율적으로 일하는 사람들은 누구에게나 환영받으며 결국 성공에 이른다는 것이다.

상식을 사용하고 예의범절을 지키도록 늘 신경 써라.

인생에 대한 진실한 서비스

Staying Up, Up, Up in a Down, Down World

고객 서비스는 종종 입에 발린 소리로 끝나는 경우가 많다. 그러나 캘리포니아의 오렌지카운티 공항^{존 웨인 공항}에서 일하는 아메리카에어라인 사 소속의 특별 서비스 매니저 지오프 그레고리는 '너희들 가운데서 가장 위대하고자 하는 자는 모든 사람의 하인이 되어야 한다.'라는 성경 말씀을 철저히 신봉하며 항상 고객 서비스에 최선을 다하고 있다.

내가 그를 처음 만난 것은 복도 측 좌석을 주었으면 하는 내 요구를 우연히 그가 듣게 되면서였다. 그는 자기 친구인 다른 승객에게 양해를 구하는 등 물심양면으로 노력해 결국 내 자리를 바꿔 주었다. 그 짧았지만 즐거운 만남을 통해 나는 그가 고객의 요구를 충족시켜 주기 위해 진심으로 노력하고 있음을 알게 되었다.

또한 지오프는 날마다 탑승자 명단을 검색하는 것이 분명했다. 언젠가 강연이 있어 그 공항에 다시 들렀을 때 그가 찾아와 인사를 했기 때문이다. 그는 이름만 알고 있는 승객들에게도 일일이 찾아가 안부를 물었다.

그로부터 얼마 후, 그가 내 강연에 참석을 해 만나게 되었다. 반가운 마음에 그와 이런저런 이야기를 나누던 중, 나는 그가 매고 있는 넥타이가 멋있다는 말을 했다. 지나치듯 건넨 그 말을 염두에 둔 듯, 다음날 그는 원한다면 그 넥타이를 기꺼이 선물하겠다고 했다. 내가 그의 인생에서 특별한 사람이 되었기에 특별한 사람이 선물해 준 그 넥타이를 함께 나누고 싶다는 것이었다. 그래서 그 넥타이는 나에게도 중요한 의미가 되었으며, 이런 사연을 듣게 된 사람들은 지오프에게 많은 감탄과 찬사를 보냈다.

1998년 1월 27일, 나는 다시 오렌지카운티에서 강연을 하게 되었다. 지오프 역시 청중으로 참석했다. 그리고 댈러스로 돌아가는 비행기를 타려고 공항에 도착했을 때, 역시나 그는 또 나를 기다리고 있었다.

모든 것이 빨리빨리 그리고 대충대충 돌아가는 이 세상에서 지오프와 같은 사람을 만난다는 것은 얼마나 즐거운 일인가! 우리 모두가 지오프처럼 타인과 우리의 인생에 대해 진실한 서비스를 한다면, 매사가 좀더 순조로워질 텐데…….

자신의 말을 보증수표로 만들어라

Staying Up, Up, Up in a Down, Down World

대단히 경쟁적인 대학 운동 세계에서는 다음의 두 가지가 가장 핵심적인 사항이다.

첫째, 훌륭한 운동선수를 모집한다.

둘째, 그 스타 선수들을 지도해 하나의 팀으로 만들어 낼 더 훌륭한 코치를 고용한다.

미식축구 코치 밥 시몬스는 오클라호마 주립대학 팀을 성공적으로 이끌고 있는, 스포츠계에서 인정받는 코치 중 한 사람이다. 시몬스 코치는 수비가 안정적이고 공격 범위가 넓은 유능한 고교 선수 케냐나 톨버트를 자신의 대학으로 진학시키기 위해 그에게 대학 장학금과 여러 혜택들을 내걸었다. 그리고 '무슨 일이 있어도 약속을 지킬 것이다.'라고 덧붙였다. 톨버트가 팀을 보기 위해 방문했을 때 오클라호마 주립 카우보이들은 그를 엄청나게 환영했으며, 모든 것에 흡족해진 톨버트는 시몬스에게 오클라호마 주립대학에 들어가 말 그대로 몸 바쳐 운동할 것을 약속했다.

그러나 졸업을 얼마나 앞두고 시합에 참가한 톨버트는 경기 중 심한 부상을 입게 되었다. 척추뼈 두 개가 탈구되어 그는 사지를 움직일 수도, 스스로 호흡할 수도 없었다. 즉시 델러스에 있는 재활센터에 입원한 그는 점차 차도를 보였지만 두 번 다시 미식축구를 할 수 없다는 선고를 받았다.

그럼에도 불구하고 시몬스는 톨버트에게 했던 약속을 지키겠다고 거듭 선언했다. 즉, '무슨 일이 있더라도' 그에게 장학금을 주겠다던 약속을 지킨 것이다.

이는 시몬스 코치의 인간성을 말해 주는 감동적인 사건이다. 자신의 말을 보증수표삼아 이행한 밥 시몬스는 젊은 선수들에게 많은 영향을 미쳤다. 또한 부모들도 그를 안심하고 자기 아들을 맡겨도 될 이상적인 코치로 여길 것이라 확신한다.

그렇다, 책임과 신의를 지키는 사람은 미식축구장에서뿐만 아니라 인생에서도 진정한 승리를 거둘 수 있다.

최고의 가르침

Staying Up, Up, Up in a Down, Down World

며칠 전,
아주 작은 단어 하나를 잃어버렸다.
그것은 매우 지저분한 단어였다.
그 단어가 무엇인지는 말하지 않겠다.
그러나 알고 보니
나는 그 단어를 정말로 잃어버린 게 아니었다.
그 말이 내 입술에서 흘러나왔을 때
내 어린 딸이 그 말을 듣게 되었고
지금은 그 아이가 그 말을 하게 되었다.

부모들은 때때로 자기 아이들은 하지 않았으면 하는 말들이 아이들의 입에서 쏟아져 나옴을 보게 된다. 아이들이 그 말을 어디서 배웠겠는가?

말과 행동이 다른 부모는 아이에게 혼란스런 신호를 보내는 것이다. 아이들은 부모의 이런 행동에서 오히려 나쁜 행동만을 배운다.

자기 아이들에게 거짓말하고 부정행위를 일삼고 훔치고 혹은 사납게 행동하라고 가르치는 부모는 물론 없을 것이다. 그러나 아이들은 은연중에 당신의 말과 행동에서 그런 것들을 배우고, 당신을 닮아 간다. 그리고 부모는 그런 자신의 모습을 닮아 가는 아이를 보고 당황스러워한다.

친절, 정의, 아름다움, 희망, 사랑과 같은 말들을 당신이 먼저 생활화해라. 성실과 열정, 책임 같은 말을 사용해 아이에게 모범을 보여라. 그로 인해 당신은 자랑스러운 자녀들을 얻게 될 것이다.

기도하는 손

Staying Up, Up, Up in a Down, Down World

15세기 말, 두 젊은이 알브레히트 뒤러와 프란츠 크니그슈타인은 예술가가 되기 위해 씨름하고 있었다. 그러나 가난했던 그들은 생계 때문에 학업에만 열중할 수 없었고, 그로 인해 그들의 발전은 더딜 수밖에 없었다.

그러던 중 마침내 그들은 서로의 역할을 분담하기로 했다. 즉, 둘 중 한 사람이 학업에 매진하는 동안 나머지 한 사람은 둘의 생계를 위해 일을 하고 학업을 마친 뒤에는 그 역할을 다시 바꾸기로 합의했다. 우선 알브레히트가 학업을 계속하기로 결정됐고, 그가 성공하면 프란츠가 다시 학업을 시작하기로 약속했다.

알브레히트는 학업을 위해 유럽의 예술 중심지로 떠났다. 재능 있을 뿐 아니라 천재였던 그는 마침내 성공했고, 프란츠와의 약속을 지키기 위해 돌아왔다. 그러나 알브레히트는 자신의 친구가 치른 커다란 대가를 알게 되었다. 그 동안의 고된 육체 노동이 프란츠의 손을 딱딱하게 만들어 그는 더 이상 미술이 요구하는 섬세한 붓질을 할 수 없게 된 것이다. 그러나 프란츠는 자신의 예술적 꿈이 좌절된 것을 결코 비참해하지 않았다. 오히려 그는 친구의 성공을 자신의 일처럼 기뻐했다.

어느 날, 알브레흐트는 자신의 성공을 위해 기도하는 프란츠의 모습을 보게 되었다. 그 진지한 모습에 커다란 감명을 받은 그는 서둘러 충실한 친구의 거칠고 딱딱한 손을 스케치했다. 그리고 그 스케치는 현재 전 세계에 '기도하는 손'으로 알려진 위대한 걸작이 되었다.

오늘날 많은 사람들이 알브레흐트 뒤러의 작품을 칭송한다. 그러나 그의 작품 중 어느 것도 희생, 노동, 감사, 그리고 사랑에 대한 감동적인 이야기를 전해 주는 '기도하는 손' 만큼 사람들의 가슴을 차지하지는 못한다.

긍정적인 태도는 긍정적인 결과를 낳는다

Staying Up, Up, Up in a Down, Down World

센트럴 피드먼트 대학의 총장인 토니 자이스 박사는 가장 바람직한 직장인과 간부 후보의 특징을 밝혀낸 바 있다. 토니 자이스 박사가 밝혀낸 그들의 중요한 특징은 바로 긍정적인 태도였다. 긍정적인 태도를 지닌 이들은 진급이 빨랐으며 조직에 헌신했다. 또 다른 연구에 따르면 여기에 덧붙여 조직의 문제를 자신의 문제로 파악하는 특징을 보이기도 했다.

결론적으로, 관계를 강화할 수 있는 긍정적인 태도와 다른 사람을 리드할 수 있는 능력이 직업적인 성공을 보장해 주는 자질인 것이다. 또한 건강하고 행복한 사람들은 중립적이거나 부정적인 사람들보다 더 빨리 승진을 한다. 서른 살 이하의 직장인들이 다른 나이대 집단에 비해 직업 만족도가 훨씬 더 높고 건강했으며, 베이비붐 세대의 직장인들에게서 가장 부정적인 결과가 나타났다.

1994년에 호지 크라우인 앤 어소시에이트의 연구 조사에 의하면 600명의 고위 간부급 직원 전원이 유머감각을 사업적인 면에 있어서 긍정적인 영향을 미치는 가장 중요한 요소로 꼽았다. 덧붙여 그들 중 95%는 모든 조건이 전부 같다면, 유머감각이 있는 후보자를 뽑겠다고 말했다.

직원의 긍정적인 태도와 고객의 만족도 사이에는 직접적인 관계가 있으며, 이직률과 직원들이 공유하고 있는 태도는 생산성과 사기에 영향을 미친다. 이러한 결과는 그다지 새로울 것이 없지만, 우리는 때때로 이 명백한 사실을 간과한다.

긍정적인 태도는 당신의 인생에 긍정적인 효과를 가져온다는 이 간단 명백한 사실을 말이다.

우리가 알지 못한 대중연설의 유용성

Staying Up, Up, Up in a Down, Down World

〈리더스다이제스트〉의 기사에 따르면 미국인들은 대중연설을 가장 두려워한다고 한다. 그래서 그와 같은 불안으로부터 당신을 구출해 줄 수 있는 일화와 요령을 소개해 보고자 한다.

첫째, 바바라 헬린은 뉴욕 주 로젠달 여성 클럽에서 연설을 하는 동안 치명적인 심장마비를 일으켰다. 미국 부통령이었던 알벤 W.바트레이와 더글라스 맥아더 장군의 부친 아서 맥아더에게도 비슷한 일이 있었다.

결론은 내가 알고 있는 한, 오직 이 세 사람만이 연설 도중에 죽음을 맞이했다는 사실이다. 문자 그대로 사람들이 죽을 듯 두려워하는 연설이 수천만 번이나 행해졌지만 연설하는 동안 치명적인 증세로 죽은 사람은 많지 않다.

여기서 내가 말하고 싶은 것은 연설은 안전하다는 점이다!

둘째, 회의주의자나 신랄한 사람들에게 좋은 인상을 남기려고 안달복달하지 마라. 수십 명, 수천 명의 청중 가운데서 미소 짓는 얼굴을 찾아내어 그들과 직접적으로 시선을 마주하라. 연설하는 내내 몇 초 간격으로 미소 짓고 있는 사람들에게로만 시선을 이동하라. 그렇게 해도 간혹 신랄한 얼굴과 마주칠 수 있겠지만, 절대로 그들의 영향으로 인해 의기소침해진 모습을 보이지 마라.

마지막 요령은 현 청중이나 현 상황에 적용할 수 있는 이야기를 하면서 요점을 부각시키는 것이다. 그러다 보면 당신은 살아남게 될 것이고, 어느새 연설은 끝나 있을 것이다.

대중연설은 많은 장점을 가지고 있다. 대중연설을 통해 신뢰감을 형성하기도 한다. 또한 일반 대중은 남들 앞에서 자신의 타당한 의견을 발표하는 사람들을 보통 사람들보다 지적인 사람으로 여기는 경향이 있다. 이것이 반드시 진실은 아니지만, 대다수가 그렇게 인식한다는 점을 간과해서는 안 된다.

두려움을 없애고 효과적으로 연설하는 방법을 익힌다면 당신의 개인적인 삶, 가족생활, 비즈니스에 큰 도움이 될 것이다.

사람이 가장 중요하다

Staying Up, Up, Up in a Down, Down World

몇 년 전, 나는 한 인디언의 이야기를 들은 적이 있었다. 그 인디언은 자신을 방문한 선교사에게 "당신과 함께 있으면 내 자신이 더 좋아진다."라고 말했다. 이것은 궁극적으로 칭찬의 말이다. 만약 당신이 다른 사람들과 함께 하는 동안, 상대가 스스로를 보다 나은 사람으로 느끼게 만든다면, 당신 역시 좋은 기분이 될 것이다.

이에 대해 〈인사 저널〉의 한 기사는 다음과 같은 탁월한 조언을 하고 있다.

"모든 사람들은 자신을 중요한 의미를 지닌 인물로 생각하고 싶어 한다. 만약 당신이 타인과의 관계 속에서 그런 생각의 상대성을 인정한다면 그들과 사이좋게 지내는 방법을 배우게 될 것이다. 당신이 그 사람을 진정으로 인간답게 대우해 주고 있다는 것을 행동으로 보여주고 그 반응을 지켜보라."

체스터필드 경은 자기 아들에게 이렇게 충고했다.

"상대방이 자기 자신을 조금 더 좋아할 수 있게 만들어라. 그로 인해 그 사람은 너를 훨씬 더 많이 좋아하게 될 것이다."

이것은 성공적인 인간관계를 유지하도록 만드는 가장 소중한 열쇠중의 하나이다. 이 공식을 활용하여 많은 친구를 만들어라. 그렇게 하면 당신은 마치 자석과도 같이 사람들을 끌어들이고 그들에게서 더욱 많은 도움을 받게 된다.

월터 헤일리는 세일즈맨들에게 타인에 대해 배울 수 있는 방법을 조언하면서 여기서 다음과 같은 사실 하나를 덧붙였다. 어떤 한 사람과 그 삶의 사업 또는 기타 여러 가지에 대해 알면 알수록 그는 당신을 자신의 문제를 해결해 줄 수 있는 사람이라고 확신하게 되며, 또한 당신을 대단히 친절하고 영리한 사람으로 생각한다.

인격의 중요성

Staying Up, Up, Up in a Down, Down World

과거 클린턴 대통령은 '망할 놈의 경제 때문에'라는 구호를 중심으로 선거 캠페인을 전개해 승리했다. 그러나 오늘날의 캠페인 구호는 아마도 '망할 놈의 성실성 때문에'라고 해야 성공할 듯이 보인다.

많은 사람들이 경제만 좋아지면 인격은 그다지 문제가 되지 않는다고 믿는 모양이다. 그 사실을 입증이라도 하듯 경기가 침체되면 인격적인 문제가 수천 배로 증폭한다는 보도가 심심찮게 등장한다.

하지만 이는 절대 사실이 아니다. 젊은 시절 나는 한 식료품 가게에서 일한 적이 있었다. 어느 날 한 남자가 찾아와 사장에게 대단히 그럴 듯한 사업제안을 했다. 하지만 사장은 그 남자의 제안에 전혀 관심이 없는 듯했고, 아직 애송이였던 나로서는 사장이 왜 그 제안을 즉각적으로 받아들이지 않는지 도무지 이해할 수가 없었다. 그 남자가 떠난 뒤, 난 왜 그처럼 좋은 기회를 받아들이지 않느냐고 사장에게 물었다. 그러자 사장은 내게 이렇게 말했다.

"나쁜 사람과는 좋은 거래를 할 수 없는 법이지."

인격을 중요하게 여기지 않는 사람들은 아내에게 아이들의 양육과 생계를 내맡기고 집을 나간 남편에 관해서 아무런 언급도 하지 않는다. 또한 다른 남자와 눈이 맞아 집을 나간 아내에 대해서도 결코 언급하지 않는다. 그들은 해마다 직원들의 절도로 인해 수백 개 사업주들이 파산한다는 사실에 관해서도 전혀 말하지 않는다.

존 우든은 UCLA의 전설적인 농구 코치이다. 그는 선수들이 지금 하는 연습보다 오늘의 연습과 내일의 연습 사이에 무엇을 하는지에 더 관심을 가졌다. 일터를 떠난 뒤에 그 사람이 무엇을 하는지, 즉 인격이나 사람 됨됨이가 그 사람의 발전을 결정짓는 요소라고 생각했던 것이다.

그의 주장은 옳았으며 그가 세운 많은 기록들은 결코 깨어지지 않을 것이다.

올바른 선택을 해라

Staying Up, Up, Up in a Down, Down World

'멋진 스플린터'는 신문기자, 팬, 매니저, 그리고 대중들이 테드 윌리엄스에게 붙여준 별명이다. 테드 윌리엄스는 훌륭한 체격에 믿기 힘들 정도의 파워를 지닌 프로야구 선수였다. 그는 오랫동안 탁월한 기록을 유지했지만 불행하게도 그 능력과 인기가 절정에 달했던 시기에 2차 대전에 참전하기 위해 떠나야만 했다.

윌리엄스는 대단한 자부심과 결단력을 가진 인물이었다. 그는 1941년 5할 6리의 타율을 기록하며, 4할 대를 넘는 메이저리그 최후의 선수가 되었다. 마지막 타석에서 그는 홈런을 날리고 영광스런 야구 인생을 마감했다.

테드 윌리엄스는 고결하고 성실한 사람이었다. 은퇴를 한 해 앞둔 그는 최악의 상황을 맞이했었다. 목에 심한 통증을 느꼈기에 수비를 할 때나 타석에 섰을 때 고전을 면치 못했다. 하지만 그는 시즌 내내 이런 통증을 일절 내색하지 않았다. 시즌이 끝난 뒤에야 비로소 고통이 너무나 격심해 투수가 던지는 공을 쳐다보기 위해 고개를 돌리기조차 힘들었다고 토로했다.

그 해 테드는 그의 선수 생활 중 처음으로 3할 대 이하의 저조한 타율을 기록했다. 10개의 홈런을 포함하여 겨우 2할 5푼 4리의 타율을 기록한 것이다. 그런데 시즌이 끝난 뒤 소속팀인 보스턴 레드 삭스는 전년도와 동일하게 프로 스포츠 선수 중 최고의 연봉인 125,000달러에 재계약을 체결하자고 제의했다.

테드가 어떻게 했겠는가?

그는 연봉을 삭감하지 않는 한 사인할 수 없다는 서신과 함께 계약서를 돌려보냈다. 테드는 이렇게 말했다.

"난 레드 삭스와의 계약에서 언제나 정당한 대우를 받아 왔다. 그런데 이제 팀은 내가 받을 자격이 없는 계약조건을 내세우고 있다. 난 내가 받을 자격이 있는 만큼만 받길 원한다."

그는 자기 연봉을 스스로 25%나 삭감했다. 그리고 다음 해 그는 평균타점을 65점이나 높여 영광으로 점철된 눈부신 선수 생활을 화려하게 마감했다.

테드 윌리엄스가 행한 일은 언제나 전대미문의 것이었다. 그의 선택은 성실성을 바탕으로 한 올바른 선택이었으며, 항상 최선의 선택이었다. 당신 역시 오랜 세월 동안 그와 같은 방식으로 문제에 접근 한다면 언젠가 반드시 인생의 승자가 될 것이다.

Staying Up, Up, Up in a Down, Down World

part 4

목표를 높게 잡아라, 그리고 시도해라!

너 자신이 되라

Staying Up, Up, Up in a Down, Down World

여러 해 동안 나는 세일즈란 느낌의 전달이며 인생의 모든 것은 느낌이라는 것을 믿고 가르쳐 왔다. 판매원은 자기가 팔고 있는 제품에 대한 생각을 고객과 일치시킬 수 있을 때 그런 느낌을 전달할 수 있다. 바로 그 때 고객은 틀림없이 제품을 구매하게 되는 것이다.

마찬가지로 지도자가 회사에 대한 열정을 가지고 그것을 말뿐만이 아닌 행동으로 보여준다면, 직원들은 분명 당신의 느낌을 전달받게 된다. 그리고 그로 인해 그들의 마음이 열리고 마침내 당신을 믿고 따를 것이다.

그레미 상을 비롯해 숱한 상을 받은 성공한 음악가 레이 찰스가 대표적인 사례이다. 그의 어머니는 찰스가 어렸을 때부터 항상 "너 자신이 되라."고 말해 왔다. 그는 언제나 어머니의 충고를 충실하게 따랐다. 그리고 자신의 느낌을 전하면 사람들을 감동시킬 수 있다는 말을 끊임없이 해 왔다.

"나는 이야기가 있는 노래를 좋아합니다. 그 이야기가 나에게 느낌을 전달해 주기 때문이죠. 또한 다른 사람들에게 나의 느낌을 전달하기도 하지요."

『레이 찰스의 자전적인 이야기』의 공저자, 데이비드 리츠는 다음과 같이 말한다.

"그의 개성은 블루스나 R&B, 재즈에 상관없이 모든 장르를 압도합니다. 그는 곡이 어떤 장르인지 신경 쓰지 않아요. 조지 조운스 곡이건 퍼시 메이필드의 곡이건 레이 찰스는 모두 자기 식으로 완벽하게 소화해 냅니다."

레이 찰스는 언제나 작사가에게 이렇게 주문한다.

"레이 찰스식 노래를 만들려고 하지 말아요. 단지 나에게 노래만 주세요. 그러면 내가 그 노래를 레이 찰스식으로 소화해 낼 테니까요."

또한 레이 찰스와 오랜 친구였던 퀸시 존스는 "그의 손이 닿으면 모든 것이 레이 찰스식이 됩니다."라고 말했다.

당신이 자신의 느낌과 자기가 하는 일을 믿으면서 그 일에 열정을 가지고 있다면, 그로 인해 다른 사람과 감정의 교통交通을 할 수 있다. 그러면 성공은 필연적으로 따라온다.

사랑의 눈으로 바라보라

Staying Up, Up, Up in a Down, Down World

"내가 당신을 지금 그대로 대한다면 당신은 그 모습 그대로 머물 것이다. 하지만 내가 당신의 가능성을 보고 그에 따라 대한다면 당신은 반드시 그렇게 된다."

이 말은 괴테가 남긴 대단히 심오한 격언으로 오랫동안 사랑의 본질에 대한 독특한 비유로 여겨졌다. 나는 이 말을 읽고 또 읽으면서 가족의 사랑과 우리가 서로를 바라보는 방식에 대해 생각하게 되었다.

즉, 당신이 배우자를 시끄럽고 잔소리나 하는 사람이 아닌 항상 생동감 넘치는 사람으로 바라본다면 상대는 어느새 당신이 바라보고 이해하는 바로 그 모습으로 변모해 있을 것이다.

당신의 배우자를 인색하고 천박한 사람이 아닌 올바른 판단력을 가지고 근검절약하는 사람으로 이해하라. 또한 당신의 배우자를 수다쟁이가 아니라 표현력이 뛰어난 사람으로 바라보아라. 당신의 배우자를 과민한 사람이 아닌 예민한 배려심 많은 사람으로 이해해 보아라.

이런 태도의 변화로 당신은 사랑으로 이해하고 배려하는 법을 익히며, 사랑이 베푸는 혜택을 받게 된다.

또한 상대방의 애정 어린 눈으로 당신 역시 변할 수 있다. 사랑은 다른 사람의 인생에 실질적이고 즉각적인 영향력을 미치며 상대와 나를 동시에 아름답게 변모시킨다.

그러나 이런 사랑의 승리는 하루아침에 이루어지지 않는다. 따라서 우리는 나 자신과 상대에게 한없는 애정을 가지고 날마다 사랑하는 연습을 해야 한다.

계산된 위험에 몸을 던져라
Staying Up, Up, Up in a Down, Down World

1998년 1월, 오스트레일리아 출신의 고교 테니스 선수 레이턴 휴잇은 ATP^{프로 테니스 협회}투어에 참가해 세계 랭킹 550위라는 가장 낮은 순위로 이 대회 우승컵을 거머쥐었다.

세계 랭킹 550위 선수가 세계 랭킹 50위 선수를 이길 확률은 과연 얼마일까? 20위, 10위 선수를 이길 확률은? 어쩌면 그런 선수들을 이긴다는 것 자체가 불가능한 일인지도 모른다. 그럼에도 불구하고 휴잇은 승리를 차지했다. 그는 첫 경기에서 승리를 하고 난 뒤, 한껏 고조된 자신감을 잘 조절해 두 번째 경기에 임했다. 그리고 그때부터 휴잇은 경기의 흐름을 주도했다.

그는 자신에게 주어진 기회를 확실하게 포착했고 그 결과 승리했다. 대단한 일을 성취해 내는 사람들과 보통 사람들 사이의 차이는 단지 기회를 포착하느냐, 그러지 못하느냐에 달려 있다.

한 해 농사를 그 해 날씨와 시장에 맡길 수밖에 없는 농부는 농작물을 심을 때부터 이미 위험을 무릅쓰는 것이다. 하지만 그 위험부담 때문에 농부가 농작물을 심지 않는다면 그것이야말로 명백한 도박이다. 농부가 농사를 짓지 않으면 망한다는 것은 불을 보듯 뻔한 사실이 아닌가. 이렇듯 농부는 오랜 수고 끝에 돌아온 위험도 혜택도 모두 다 자기 몫으로 받아들이며 자신의 길을 간다.

'위험을 각오해야 할 것인가, 아니면 위험을 피해 갈 것인가?' 라는 문제와 직면하게 되었을 때, 스스로에게 자문해 보라. 승리함으로써 얻을 수 있는 것은 무엇이며, 패배로 잃는 것은 무엇인가?

나는 일어날 수 있는 최악의 경우에 대처 할 수 있다면, 계산된 위험을 선택하라고 권하고 싶다. 기회는 포착이라고 있는 법이다. 이와 같은 낙관적인 태도는 분명 인생을 헤쳐 나가는 데 도움이 된다.

고결하게 생활하고 행동하라
Staying Up, Up, Up in a Down, Down World

최근 다행스럽게도 우리 사회에 도덕성 회복의 움직임이 다시 일어나고 있다. 이제는 정말 도덕성이 회복되어야 할 때이다. 우리는 모든 윤리의 기본인 고결성에 대해 새롭게 정의 내리고 관심을 가져야 한다. 고결성을 가진 사람이야말로 그 누구보다 윤리적으로 행동하기 때문이다.

제이 스트랙 박사는 "고결성은 우리의 말과 우리의 발걸음이 현실적으로 조화를 이루는 것을 의미하며, 우리의 행동과 신념이 일치할 때 더욱 빛난다."고 말한다. 또한 스티븐 카터 박사는 자신의 저서에서 "고결성의 진정한 덕목은 의로움, 정직성, 성실함으로 요약될 수 있다."고 말한 바 있다. 「옥스퍼드 영어 사전」에서는 '완전성, 완벽성, 의로움'을 고결함의 특징으로 삼고 있다. 즉, 고결한 사람이란 바로 겉과 속이 같은 사람이다.

고결함에는 핑계가 있을 수 없다. 겉으로 보이는 모습에 몰두해서는 안 되며, 언제나 자신의 내면을 갈고 닦아야 한다. 또한 자아 본래의 순수함을 유지해야 한다.

'성실함'이라는 단어를 봐라. 본래 '성실한'을 뜻하는 'sincere'는 라틴어에서 파생된 'sine'과 'cere'가 합성된 말이다. 라틴어에서 이 단어는 '왁스^{wax}가 없는'이라는 뜻을 의미한다.

가구를 만들 때 요령 좋게 왁스를 사용하면 결함을 감쪽같이 감출 수 있기 때문에 종종 왁스는 나무의 결함이나 목수의 실수를 은폐하는 데 사용된다. 그러나 그 감쪽같은 왁스도 나중에 열기가 가해지면 녹아내리기 때문에 가구를 산 사람은 곤란을 겪을 수밖에 없다. 그렇기에 고결성을 지닌 목수는 물건을 더 팔기 위해 자신과 남을 속이는 일 따위에 결코 눈을 돌리지 않으며, 모든 일에 신용과 성실함을 다한다.

그랜빌 클레이저는 고결함에 대해 다음과 같이 설명한다.

"엄격한 고결성을 지닌 믿을 만한 사람으로 인정받는다면, 이 세상에서 당신은 이미 소중한 사람이 된 것이다. 또한 어디서나 통용되는 만능의 패스포드를 가지고 있는 것과 같다."

목표를 높게 잡아라, 그리고 시도해라!

Staying Up, Up, Up in a Down, Down World

벤 펠드만은 오늘날 모두에게 인정받는 최고의 보험 사원이다. 그가 체결한 계약은 한 회사 전체가 성사시킨 것보다 더 많다. 하지만 그런 그도 처음에는 5천 달러짜리 보험 하나를 계약하는 데에도 상당히 애를 먹었다고 한다.

그렇게 어렵게 시작했던 그는 일이 익숙해지기 시작하던 어느 날, 문득 5천 달러짜리 보험이 아닌 끝자리에 영을 하나 더 붙인 보험상품을 팔면 어떨까라는 생각을 하게 되었다. 5천 달러짜리 대신 5만 달러짜리를 판다고 시간이 더 걸리는 것도 아니었다. 더군다나 더 비싼 상품을 팔고 더 질 좋은 서비스를 한다면 자신과 고객 모두 승리하는 것이 아닌가!

그는 이 아이디어를 추구하면서 점차 목표를 높게 잡아 나갔다. 얼마 지나지 않아 그는 5만 달러짜리 보험상품을 손쉽게 팔게 되었다. 그는 다시 5만 달러에 영을 하나 더 붙여 5십만 달러짜리 보험상품을 팔아야겠다는 결단을 내렸다. 그리고 이번에도 어김없이 성공했다.

여러분은 틀림없이 그 다음단계를 쉽게 추측할 수 있을 것이다. 그렇다. 그는 또다시 끝자리에 영을 하나 더 덧붙였다. 얼마 지나지 않아 그는 5백만 달러짜리 보험상품을 팔게 되었다. 그리고 놀랍게도 다시 한 번 끝자리에 영을 덧붙임으로써 그는 5천만 달러짜리 보험상품을 팔기 시작했다. 그토록 수줍음 많던 한 남자가 목표를 높게 잡고 그 목표를 달성해 마침내 성공에 이른 이 실화는 많은 사람을 감동시켰다.

작은 목표를 성취하면 우리의 자신감은 증대된다. 또한 그로 인해 더 높은 목표를 세울 수 있게 된다. 누가 알겠는가, 우리 역시 우리의 인생에서 더 많은 영을 끝자리에 덧붙이는 삶(작은 것에서부터 시작해서)을 살아갈는지.

벤 펠드만이 자신의 목표를 계속 높여 가면서 성공에 이르기까지는 엄청난 상상력과 용기가 필요했을 것이다. 펠드만의 성취가 너무 어마어마해서 내가 감히 어떻게 그런 일을 할 수 있을까라고 생각하는가? 하지만 분명 당신에게도 그런 상상력과 추진력, 그리고 용기가 잠재되어 있다. 자신의 잠재력에 눈을 떠라. 그리고 이제 목표를 높게 잡고 시도해라!

누가 만든 기적인가

Staying Up, Up, Up in a Down, Down World

제프리 패디는 젊고 열성적이며 대단히 강한 동기를 가지고 있는 운동선수이다. 그러나 사실 그는 평생을 안고 가야 할 고통을 지니고 있다.

생후 18개월 무렵에 생긴 손의 문제로 그는 여덟 살 어린 나이에 대수술을 받았다. 이미 텍사스 스코티시라이트 병원의 단골 환자였던 그에게 문제는 손만이 아니었다. 편두통과 함께 등근육의 약화가 시작된 것이다. 그럼에도 불구하고 이 젊은이는 현재 야구와 농구, 미식축구를 즐기며 라슨 아카데미에서는 우등생으로 열심히 공부하고 있다. 또한 교내 오케스트라 단원이며 합창단원이다. 이게 끝이 아니다, 놀랍게도 그는 팬 아메리칸 시합에서 우승한 수영 챔피언이기도 하다.

그의 고통은 아직까지 계속되고 있으며 때때로 근육이 제대로 말을 듣지 않는다. 하지만 그의 정신력만큼은 수면에 떠 있는 부표처럼 유쾌하다.

제프리는 언젠가 올림픽 대회에 참가하겠다는 자신의 다음 목표를 위해 좀더 열심히 훈련에 임하고 있다. 그의 헌신과 결단력, 그리고 낙관적인 태도로 볼 때 목표가 이뤄질 날이 그리 머지않아 보인다.

나는 이 모든 것의 영광과 갈채를 누구보다도 그의 가족에게 돌려야 한다고 생각한다. 그리고 스코티시라이트 병원 또한 무료로 그를 치료해 줌으로써 기적을 만들어 낸 것에 박수 받아야 마땅하다.

제프리는 다른 사람을 격려하고 즐겁게 돕는 건전하고 활기찬 젊은이이다. 그는 누구보다 스코티시라이트 병원에 있는 많은 사람들의 병이 호전되어 그들이 진정 행복한 삶을 누리기 바라며, 오늘도 자신을 연마하고 그들을 위해 기도한다.

유머와 독창성을 잃지 마라

Staying Up, Up, Up in a Down, Down World

캐시 게스트는 미주리 캔자스 시립 대학교의 치과대학에 지원했지만 보기 좋게 낙방하고 말았다. 그녀는 낙방 통지서를 받아 들고 절망의 눈물을 흘렸고, 그런 그녀를 보면서 부모와 친구들도 함께 상심했다. 그러나 주변의 우려와는 달리 그녀는 얼마 후 심기일전해 심사위원들에게 자신이 얼마나 자격 있는 지원자인가를 알리기로 결심했다. 최종 합격자 발표까지는 아직 2주일의 시간이 있었다. 그녀는 스티브 앤더슨과 월터 헤일리가 주최한 세미나에서 배운 것을 떠올렸으며, 이제 그때 배운 것을 실천하기로 했다. 그녀는 열 통의 편지를 심사 위원에게 보냈는데 각각의 편지마다 시선을 붙잡는 문장들을 쓴 칫솔, 치약, 치실 등을 동봉했다. 칫솔에 붙여진 문구는 '저는 심사위원들의 의구심을 닦아 낼 수 있기를 바랍니다.'였고 치실 통에는 '다름 아닌 이 점이야말로 제가 치대에 적합할 수밖에 없는 치실 철학 'FLOSSophy'*치실의 floss와 철학의 앞 음절(philosophy)의 발음이 비슷함을

^{이용}입니다.' 였으며 치약에는 '심사위원의 마음에 제 이름을 붙여 놓고 'PASTE' $_{paste에는\ '붙이다'\ 는\ 것\ 외에\ 치약이라는\ 뜻이\ 있다}$ 싶습니다.' 라는 글을 적어 보냈다.

얼마 뒤 그녀는 고대하던 입학 허가 전화를 받았다!

그녀에게 전화를 건 직원은 그녀가 심사위원들을 녹초가 되도록 웃겼다고 하면서 치과대학에 근무하는 동안 그녀와 같은 지원자는 처음 본다는 말을 덧붙였다. 그녀는 위기에 처했음에도 포기하지 않는 자신에 대해 자부심을 느꼈다. 이제 그녀는 계속해서 노력할 것이며, 끈기와 함께 유머와 독창성을 잃지 않는 것이야말로 성공에 이르는 중요한 자질이라는 사실을 깨닫게 되었다.

한 트럭기사가 있다. 그는 고된 일 중에도 언제나 여유 있어 보였다. 한 친구가 그 이유를 묻자 그 트럭기사는 자신은 전국 각지를 떠돌아다니면서 고된 일을 하는 것이 아니라 느긋하게 드라이브를 하는 마음으로 일을 하기 때문이라고 대답했다. 이 트럭기사와 같은 삶의 태도는 세상의 많은 것을 새롭게 한다.

캐시는 대단한 독창성을 보여주었다. 또한 자신의 다양한 모습을 남들에게 보이는 데 주저함이 없었다. 캐시의 방법은 그 집요함으로 인해 때때로 위험이 따를 수도 있다. 그렇지만 그녀는 더 이상 잃을 것이 없었기에 모험을 단행했고, 마침내 바라던 것을 얻어냈다. 스스로 기회를 만들지 못하는 사람은 결코 찾아온 기회를 잡지 못한다.

절대적인 도덕은 분명히 있다

Staying Up, Up, Up in a Down, Down World

절대적으로 잘못된 것이 있다면 분명 절대적으로 올바른 것도 존재한다. 그리고 이 사이에는 관용이라는 것이 존재한다. 그러나 많은 사람들이 관용과 상대성이 우리가 앞으로 나아가야 할 길이라는 사실에 고통스러워하고 있다.

조시 맥도웰 박사의 연구 조사에 따르면 진리의 객관적인 기분을 인정하지 않는 우리 자녀 세대의 관점이 그들의 행동에 많은 변화를 초래한다고 한다. 그렇기 때문에 시험 중 부정행위를 하는 비율이 48%에 육박하게 되었으며, 포르노 필름을 보는 수치는 2배로 증가했다. 또한 절도와 약물복용의 증가율도 3배에 이르며 분노하는 비율도 2배 이상, 인생의 목적을 상실한 경우도 2배 이상 증가했다.

나침반이 언제나 북쪽을 가리키듯, 그리고 국제 표준시가 정확한 시간을 나타내듯, 우리는 자녀들에게 언제나 절대적인 진실을 가르쳐야 할 의무가 있다. 우리가 먼저 그 의무를 믿고 행해야 아이들을 올바른 인생으로 이끌 수 있다.

거짓말이나 부정행위, 도둑질은 때때로 일시적인 이익을 가져다주기도 한다. 그러나 그것보다 중요한 것은 신뢰이며, 신뢰받지 못하는 개인의 미래는 불행할 수밖에 없다. 그렇기 때문에 우리는 아이들에게 무엇이 옳고 그른지를 이해시켜야 한다.

어떤 부모들은 자녀를 너무 사랑한 나머지 어떤 것도 부정하지 못하고, 꾸중조차 하지 못한다. 그들은 '아이들에게 권위를 내세우고 싶지 않으며, 또한 아이들이 나를 얼마나 사랑하는지 확인하고 싶지 않다.'고 말한다.

그러나 부모가 이혼을 하게 되었을 때 아이들은 오히려 자신들을 엄하게 꾸짖고 다스리는 부모 쪽을 택함으로써 그와 같은 생각이 결코 옳은 게 아님을 입증하고 있다. 아이들은 본능적으로 절대적인 규칙이 지켜지는 게 옳다는 것을 잘 알기 때문이다.

이 세상의 모든 부모들이여, 자녀들에게 최선을 행할 수 있을 만큼 그들을 사랑하고 그들의 앞날에 지표가 되어 줄 절대적인 도덕을 제시하라.

자신의 자리를 지켜라

Staying Up, Up, Up in a Down, Down World

미식축구를 좋아하고 운동에 재능을 보이는 어린아이라면 누구나 한 번쯤 내셔널 리그에서 뛰는 쿼터백이 된 자신의 모습을 꿈꾸었을 것이다. 폴 호늉도 그런 꿈을 가진 아이들 중의 한 명이었다.

성장한 호늉은 그린베이 팀에 의해 쿼터백으로 1차 지명을 받고 입단하였다. 하지만 그린베이 팀에는 바트 스타라는 진정으로 위대한 쿼터백이 있었다. 때문에 처음 몇 해 동안 호늉은 그다지 빛을 보지 못했다. 대학에서는 훌륭했지만 프로팀에서는 아직 풋내기에 불과했던 그로서는 대단히 실력 있는 선임 선수를 제치고 출전할 능력이 안 되었기 때문이다. 그러던 차에 빈스 롬바르디가 이 팀의 새 코치가 되었다. 그는 다른 누구보다 호늉을 눈여겨보았고, 그가 대단히 빠르고 튼튼한 재목임을 알아보았다. 호늉은 일단 공이 20야드 라인 안에 들어왔을 때 특히 능력을 발휘하는 선수였다. 그는 팀이 위급할 때마다 탁월한 대처능력을 보였으며, 경기 중에 엔드 존의 냄새를 맡으면 그곳으로 거침없이 뚫고 들어갈 수 있는 패기와 추진력을 겸비하고 있었다.

롬바르디는 호눙에게 러닝백을 맡겼고 그 후 팀은 연달아 우승을 거머쥐었다. 호눙은 결국 MVP로까지 지명되었다. 그는 아직까지도 깨어지지 않는 대기록을 여럿 보유한 위대한 선수이며, 마침내 미식축구 명예의 전당에 올라가게 되었다.

폴 호눙은 쿼터백으론 성공하지 못했다. 하지만 그는 결코 불평하지 않았으며, 자신의 자리에서 온 열정과 노력을 쏟았다. 그것이야말로 승리를 이끄는 방식이며, 그는 마침내 승리할 수 있었다.

질문이 바로 해답이다

Staying Up, Up, Up in a Down, Down World

 성공적인 지도자들은 자신들이 필요로 하는 정보를 얻기 위해 제대로 된 질문을 하는 재능을 가지고 있다. 그런 질문들은 다른 사람들을 치밀하게 꿰뚫어 보며 그들로 하여금 생각하게 만든다. 그렇게 해서 성공한 리더는 각각의 개인들에게서 그들이 가진 최고의 것을 이끌어 낸다.

 이와 마찬가지로 우리는 종종 스스로에게 날카로운 질문을 할 필요가 있다. 그것이야말로 우리를 끊임없이 생각하고 사고하게끔 만들기 때문이다.

 여러분은 스스로가 의심하는 바를 믿는가, 아니면 자신의 신념을 회의하는가?

 존 L. 메이슨은 『질문하라』라는 자신의 저서에서 다음과 같은 날카로운 질문을 던지고 있다. 이 질문들은 실제로 당신을 생각하게 만들 것이다.

"당신은 낙관적인가 비관적인가? 냉소적인 사람인가, 아니면 개방적인 사람인가? 단지 질문하기 위해서 질문을 던지는가, 넘쳐나는 지적 호기심을 가지고 그 대답에 진정 흥미를 느끼는가? 당신은 미래를 준비하고 있는가, 그저 미래를 기다리고만 있는가? 과거에 집착하는가, 현재에 충실한가? 당신은 타인을 인정하며 다양성을 존중하는가, 아니면 편협함에 사로잡힌 독단적이고 독선적인 인간인가?"

질문이야말로 진정한 해답이다. 이런 질문들에 진지하고 솔직하게 답을 구해라. 해답을 얻은 당신은 더 행복하고 더 건강하며 더 많이 성취할 수 있는 삶을 살게 될 것이다.

그가 할 수 있다면, 당신도 할 수 있다

Staying Up, Up, Up in a Down, Down World

오래곤 주 살렘 근교에 살고 있는 카세이 맥컬리스터는 보통 사람들처럼 농구를 하고 야구 경기에서는 포수나 1루 수비수 또는 외야수를 담당해 적극적으로 운동을 하는 청년이다. 하지만 그는 교통사고로 하반신을 잃었기에 이 모든 것을 팔만 이용해 해내고 있다. 그의 이런 행위는 수많은 이들에게 많은 자극과 용기를 주고 있다.

그는 생에 대한 엄청난 의지와 결단력을 보여주었기에 사람들이 그에게 박수갈채를 보내는 것이다. CNN은 취재팀을 그의 집으로 보내 그에 관해 스토리를 방영했다. 맥컬리스터는 사고 전 그 어느 때보다도 강력한 용기를 느끼고 있고 자신에 대해 이렇게 말했다.

"난 정말로 이 모든 걸 내 스스로 할 수 있다는 걸 사람들에게 보여주고 싶어요."

오늘날 사람들은 너무도 많은 것에 대해 너무도 많은 불만을 토로하고 있다. 그러나 카세이 멕컬리스터는 수많은 고충에도 불구하고 인생을 최대로 활용하는 역할 모델이다.

멕컬리스터의 인생에 관한 동기와 헌신, 그리고 열정은 어디서부터 나오는 것일까?

아마도 그의 부모와 맥컬리스터 자신의 삶에 대한 적극적인 자세가 원천이지 않을까 싶다. 그의 부모는 맥컬리스터가 자기 연민에 빠져 제멋대로 하도록 방치하기보다, 그를 격려하며 하고 싶은 것은 뭐든 지 이룰 수 있다는 믿음을 심어 주는 현명한 선택을 했다. 또한 그들은 맥컬리스터가 도움을 요청할 때에는 기꺼이 도움을 주었다.

아들에 대한 사랑을 적극적인 행동으로 보여준 이들의 모습은 진정 우리에게 감동을 주고 있다.

기회의 시계에 깨어나라

Staying Up, Up, Up in a Down, Down World

1996년 올림픽 레슬링 은메달리스트이며, 지난 7년간 전미 아마추어 레슬링 챔피언의 자리를 지켜 온 매트 가파리가 얼마 전 우리 회사에 초청돼 매우 의미 있고 유익한 강연을 했다.

그는 우리가 '알람' 시계가 아닌 '기회'의 시계에 깨어나야 한다고 강조했다. 기회의 시계는 매일 울린다. 승리자들은 항상 기회의 시계에 답하고, 보통 사람들은 주기적으로 일어난다. 그러나 실패자들은 결코 깨지 않는다.

매트는 올림픽 경기에서 한 선수가 메달을 획득하기까지는 15년이라는 시간이 걸린다며 그 동안 선수들은 기회의 시계에 응답해 끊임없이 자신을 일깨우기 위해 목표를 글로 적어 항상 지니고 다닌다고 했다. 선수들은 먹고 마시며 잠자고 꿈을 꾸는 동안에도 자신의 목표만을 떠올린다.

이처럼 매트는 탁월해지기 위해 노력하는 사람이라면 누구나 삶에서 훨씬 더 멀리 나아갈 수 있다고 충고했다.

매우 가족적이며 깊은 신앙을 지닌 매트는 또한 무엇보다도 먼저 인간이 되어야 한다고 지적했다. 우리가 스포츠인이나 전문가가 되는 것은 그 다음의 일이다.

즉, 가족의 목표는 다른 어떤 목표만큼이나-혹은 그보다 훨씬 더-중요하기 때문에 가족이 있는 올림픽 선수들은 우선 가족으로서의 책임을 다할 수 있도록 그들의 훈련 시간표를 적절히 작성해야만 한다는 것이다.

매트는 이 철학을 따르는 생활로 인생에 있어 많은 가치 있는 것들을 충분히 누리고 있다. 당신이 매트의 방법을 따른다면 당신 역시 많은 것을 누리게 될 것이다.

성공, 그것은
당신에게 달려 있다

Staying Up, Up, Up in a Down, Down World

〈닫힌 문을 넘어서〉라는 월간지에 실린 케이 P. 애드킨스의 '성공, 그것은 당신에게 달려 있다'란 기사를 여러분에게 소개하고자 한다. 나에게 있어 성공은 무엇을 뜻하는지 곰곰이 생각해 보면서 다음의 이야기를 한 번 읽어보아라.

두 형제가 있었다. 성인이 된 후 형은 대학을 마치고 대단히 성공적인 변호사가 된 반면, 자연을 좋아한 동생은 공원 순찰대원, 관광 가이드, 계절노동자로 일하며 전국을 떠돌아다녔다. 형은 떠돌이 동생에게 도시로 돌아와 정착하여 '존경받을 만한' 직업을 가지라고 계속 편지를 보내 설득했다.

동생을 설득하기 위해 그는 편지를 보낼 때마다 사진을 한 장씩 동봉했다. 자신의 벤츠 사진을 찍어 사진 뒷면에 '내 차'라고 적어 보냈고, 교외의 콘도미니엄 사진 뒷면에는 '내 집'이라고 써 보냈다. 또 한 번은 우뚝 치솟아 있는 40층짜리 건물 사진을 보내면서 뒷면에 '내 사무실'이라고 썼다.

마침내 이 말도 안 되는 편지에 짜증이 난 동생은 와이오밍에 있는 아름답고 장엄한 테튼 산을 배경으로 한 포스터를 보냄으로써 형과의 실랑이에 마침표를 찍었다. 그는 그 포스터 뒷면에 '내 뒷마당'이라고 적어 놓았다.

사실상 두 형제는 모두 성공했다. 그들은 단지 인생에서 추구하는 목적이 다를 뿐이었다. 만약 선택이 가능하다면, 우리들 대다수는 동생처럼 와이오밍의 아름답고 장엄함 풍경을 즐기면서 살고 싶을지도 모른다.

우리 앞에는 많은 선택들이 놓여 있다. 그 선택이 정직하고 명예로운 것이라면 당신의 꿈을 실현시킬 수 있도록 최대한 노력하라. 당신의 꿈은 당신의 것이다. 그 성공 여부를 타인의 잣대로 가늠하고 젤 수는 없다. 명심해라, 다른 사람의 꿈을 맹목적으로 추총한다면 당신은 결코 성공할 수도, 결코 행복할 수도 없다.

우리의 인생에 획일화된 하나의 정답이란 없다!

나는 무엇보다 중요하다

Staying Up, Up, Up in a Down, Down World

오랫동안 많은 회사들은 가정에서의 스트레스가 직장에서의 생산성을 떨어뜨린다고 주장해 왔다. 실제로 그런 주장을 부정할 수는 없다. 그러나 최근의 연구 조사에 따르면 직장 스트레스야말로 가정스트레스의 주원인이라는 사실이 밝혀졌다. 이는 결국 달리 표현하자면, 직장과 가정에서의 스트레스는 서로를 잠식하면서 악순환을 초래하고 있다는 의미이다.

그렇다면 이 두 공간에서 동시에 생산성을 증가시키고 더불어 스트레스를 감소시킬 수 있는 방법은 무엇인가? 여기 또 다른 연구 조사가 그 해답을 제시해 준다. 이 조사에 따르면 근로자들은 흥미 있는 일을 하면서 자신이 하는 일을 제대로 인정받고, 더불어 회사가 어떻게 돌아가고 있는지의 상황을 정확히 알며 그것에 개입하려는 욕구가 있다고 한다.

결국 이것은 무슨 말인가?

근로자들은 다음과 같이 주장하고 있는 것이다.

"나를 단지 월급 명세서에 기록되어 있는 숫자로 취급하지 말고 한 인간으로 대우하라. 또한 스스로를 중요한 사람으로 느끼게끔 만들어 달라. 그로 인해 나는 좀더 편안하고 행복한 직장인이 될 것이며, 결과적으로 내 생산성은 향상될 것이다. 스트레스로 인한 고달픈 나날과 질병은 자연히 줄어들게 되고, 하루가 저물면 만족스럽게 집으로 돌아가 남편과 아버지로서의 역할을 보다 완벽하게 수행할 수 있을 것이다. 결국 보다 효율적으로 개인적인 책임을 다하게 될 것이다."

이 모든 것이 진정으로 뜻하는 바는 사람들이 자기 인생에서 좀더 균형 잡힌 생활을 하게 되면 스트레스가 없어진다는 점이다. 균형 잡힌 생활은 스트레스를 감소시킨다. 또한 직장에서나 가정에서 제대로 자기 구실을 못하고 있다는 자괴감으로 인해 유발되는 죄의식이나 초조함도 줄어들게 된다.

직장에서든 가정에서든 다른 사람들이 스스로를 중요하게 느낄 수 있도록 그들을 도와주자.

Staying Up, Up, Up in a Down, Down World

part 5

행동이 변화를 가져온다

중요한 것은 어디로 가는가이다

Staying Up, Up, Up in a Down, Down World

여러 해 동안 나는 맨손으로 시작해 결국 엄청나게 성공한 사람들의 전설적인 이야기들을 들어왔다.

이런 성공담 중 하나로 마이클 퀸랜의 이야기를 들 수 있다. 그는 시급 2달러짜리 우편담당 직원에서 시작해 43살 때 자산이 수십억 달러가 넘는 맥도날드 사의 최고경영자가 되었다.

여기서 중요한 것은 그가 경제적으로 성공했을 뿐만 아니라 개인적인 생활에서도 성공을 거두었다는 점이다. 그는 두 아들과 두 손자를 둔 가정의 충실한 아버지이자 남편이었고, 규칙적인 운동을 하며 가족과 함께 하는 시간을 즐기는 사람이었다.

많은 이들이 경제적 성공만을 중시하다 가장 중요한 것을 놓치는 실수를 범하곤 한다. 그들은 항상 '시간이 없다.' 란 말을 한다. 그런 사람은 시간이 부족한 게 아니라 무엇을 해야 하는지, 삶의 우선순위가 무엇인지의 명확한 방향 설정이 부재한 것이다.

'해야만 하는' 일에 우선권을 부여하고 '할 필요가 있는 것들'과 '하고 싶은 것들'을 자신의 인생에 포함시켜라. 이 모든 일을 계획을 세워 차분히 진행해 보자. 그렇게 했을 때만이 우리는 더 많은 일을 하게 된다.

다시 한 번 방향 설정의 부재로 인해 당신의 인생에 엄청난 차이가 발생한다는 사실을 명심해라. 마이클 퀸랜의 우선사항은 가족이었다. 그리고 그의 가족이 그에게 균형 잡힌 삶을 부여했다.

어디서 시작했는지는 그다지 중요하지 않다. 중요한 것은 당신이 어디로 향하고 있는가이다.

사소한 것에 목숨 걸지 말라

Staying Up, Up, Up in a Down, Down World

지금은 연사의 이름조차 생각나지 않지만, 몇 년 전 나는 재기 넘치고 인상적인 강연을 들은 적이 있다. 그 연사는 전체 강연을 통해 '그런 것쯤은 문제도 아니랍니다.' 라는 말을 효과적이면서도 재치 있게 반복했다.

'사소한 것에 목숨 걸지 말라.' 는 뜻을 함축하고 있는 그 말에 나는 고개를 끄덕였다. 그의 말처럼 지금 눈앞의 고민거리들은 인생을 살아가는 데 있어 정말 사소한 문제에 지나지 않기 때문이다. 지금 당신의 골머리를 썩게 하는 고민역시 얼마간의 시간이 지나면 언제 그랬냐는 듯이 기억조차 가물가물해질 것이다.

'근심 걱정하지 않는다면 우리가 할 수 있는 것은 훨씬 더 많아진다.' 라는 말이 있다. 그러나 불행하게도 많은 사람들은 여전히 모든 것을 움켜쥐고 혼자서만 해결하려 든다.

『위대한 사랑의 선언문』이라는 책에서 데이브 그랜트는 '내가 하지 않으면 절대로 제대로 될 리가 없어.' 라는 태도는 사람들을 움츠러들게 만드는 공포심에 가득 찬 행위라고 지적했다. 당신이 하지 않는다고 해서 제대로 되지 않는 건 아니다. 다만 당신의 방식대로 행해지지 않을 뿐이다. 이는 편협한 사람들과 완벽주의자들은 물론이고, 우리 모두 진지하게 생각할 문제이다.

자기 경계선을 넘지 못하는 사람들은 일반적으로 쉽게 좌절하고 자신의 잠재력을 충분히 발휘하지 못하며 좀처럼 완벽에 도달하지 못한다. 하지만 훌륭한 노력과 최선을 다했다는 진지한 확신은 인생에서 크게 승리할 수 있는 지표가 된다.

성공은 정직한 노력이며, 가치 있는 이상을 탐구하면서 스스로를 충분히 표현하는 것이다. 거기서 비롯된 결과는 대단히 큰 가치를 가지며 당신의 근심걱정은 어느새 사라질 것이다.

부자 아빠와 가난한 아빠

Staying Up, Up, Up in a Down, Down World

로버트 기요사키는 아버지가 두 명이었다. 한 아버지는 부유했고, 다른 아버지는 가난했다. 그는 『부자아빠, 가난한 아빠』라는 저서에서 두 아버지 사이의 철학적인 차이를 이렇게 설명했다.

가난한 아빠 : 돈을 사랑하는 것은 모든 악의 근원이다.
부자 아빠　 : 돈이 없는 것은 모든 악의 근원이 된다.
가난한 아빠 : 난 할 수 없어.
부자 아빠　 : 어떻게 하면 그것을 할 수 있을까?
가난한 아빠 : 부자는 덜 가진 사람들과 나누기 위해 세금을 더 많이 내야 한다.
부자 아빠　 : 세금은 열심히 일하는 사람들을 처벌하고, 빈둥거리며 일하지 않는 사람들에게 보상하는 것이다.
가난한 아빠 : 열심히 공부하라, 그러면 네가 일하고 싶은 좋은 직

장을 구하게 될 것이다.

부자 아빠 : 열심히 공부하라, 그러면 사고 싶은 좋은 회사를 발견하게 될 것이다.

가난한 아빠 : 아이들이 있기 때문에 나는 부자가 되지 못했다.

부자 아빠 : 아이들이 있기 때문에 나는 부유하다.

가난한 아빠 : 난 돈에 관심이 없어, 게다가 돈은 그리 중요하지 않다구.

부자 아빠 : 돈은 힘이다.

　가난한 아빠는 로버트가 열심히 공부해서 좋은 직장을 얻어 많은 돈을 벌기를 원했다. 그러나 부자 아빠는 로버트에게 돈이 어떻게 기능하고 사용되는지를 이해하기 위해 열심히 공부하라고 말했다. 부자 아빠는 '난 할 수 없어.'라고 말하는 것은 두뇌활동을 중지시키는 행위라고 말하며, 그렇게 말하는 대신 '그걸 어떻게 하면 할 수 있을까?'라는 질문으로 두뇌활동을 풀가동시키라고 했다. '난 그걸 할 수 없어.'라는 말은 정신적인 게으름의 신호라고 지적한다.

　가난한 아빠는 높은 교육을 받은 지적인 사람이었다. 반면 부자 아빠는 중학교도 제대로 마치지 못했다. 부자 아빠는 가족과 자선단체에 수천만 달러의 유산을 남겼지만 가난한 아빠는 가족에게 빚더미만을 남겼다. 이들 사이의 차이는 바로 재정적인 철학이다.

공평하게 부여받은 의지

Staying Up, Up, Up in a Down, Down World

캐시 마틴은 스탠퍼드 대학에서 장학금을 받는 운동선수로 타이거 우즈의 팀메이트였고 스트라이커를 가장 잘 치는 골프선수 중 한 명이다. 하지만 그는 희귀한 순환기 질환을 앓고 있으며, 주치의는 그의 병이 점점 더 악화될 것이라고 한다.

마틴의 오른쪽 다리를 지탱하는 보조기구를 뗀 모습을 본 사람들은 그가 걸어 다니는 것조차 기적이라고 말할 것이다. 그 기구를 떼고 나면 그의 다리는 불과 수분 내에 두 배 정도의 크기로 부어오른다. 그리고 지속적인 통증이 24시간 그를 따라다닌다.

주치의는 골프선수로서 마틴의 생명은 한시적이라고 말한다. 골프카트를 타고 내릴 때나 그린으로 들어가는 언덕에서 미끄러지는 등 순간의 작은 실수로도 그의 골프 인생이 끝장날 수 있기 때문이다. 때문에 그는 여러 해 동안 프로골프협회[PGA]

를 상대로 골프 카트를 타고 이동할 수 있도록 허용해 달라는 힘든 법정 싸움을 전개해 왔다.

골프에 있어서 걷는 것은 게임을 고양시키고 경기의 흐름을 원활하게 해준다. 또한 PGA 투어에 이름이 거론되는 많은 유명 골프선수들은 카트를 타고 이동하는 것은 골프의 '순수성'을 파괴하는 행위라고 비난한다. 마틴 역시 어느 누구보다 걸을 수 있기를 바란다. 그렇지만 만약 그가 골프 코스를 걸어 다녀야만 한다면 그는 결코 경기를 할 수가 없다.

결국 PGA는 골프에 대한 열정과 진정한 재능을 가진 이 용기 있는 청년에게 한시적으로 카트를 타고 이동할 수 있는 권리를 인정했다. 나는 PGA가 그 규칙을 영속화하여 우리의 젊은이들에게 감명을 주는 탁월한 역할 모델인 마틴이 골프를 계속할 수 있도록 해주어야 한다고 생각한다.

우리들 모두는 종종 인생이 공평하지 않다고 불평한다. 물론 그것은 사실이다. 하지만 그 말에 덧붙일 말이 있다. 우리가 어떤 불공평한 육체적·정신적 고통을 지녔든 간에 우리는 누구나 자신의 인생을 기적적으로 활용할 수 있는 의지만큼은 공평하게 부여받았다. 고통을 극복하고 자신의 인생을 개척해 활용하는 자만이 진정한 승리를 거둘 것이다.

행동이 변화를 가져온다

Staying Up, Up, Up in a Down, Down World

동기는 운동하게 하는 힘이다. 그리고 부정적인 사고는 중력이다. 동기는 당신을 위로 올라가게 하지만, 부정적인 사고는 위로 올라가려는 당신을 아래로 끌어당긴다.

우주 공간으로 로켓을 쏘아 올릴 때, 전체 여행 과정에 드는 연료보다도 처음 5만 피트를 통과하는 데 더 많은 연료가 들어간다. 그러나 일단 비행궤도에 들어서면 위로 향해 날아오르면서 중력으로부터 벗어날 수 있다. 그렇게 중력으로부터 벗어나게 되면 나머지 여행은 훨씬 쉬워진다.

이와 마찬가지로 만약 당신이 현재 자기 관리에 만족하고 있는 사람들로부터 벗어나려 한다면 많은 노력과 집중이 필요하다. 하지만 일단 그 무리로부터 벗어나면 당신은 가속을 얻게 된다. 그리고 그런 당신 앞에는 정말 짜릿한 경험이 펼쳐질 것이다. 여기에 나이 들었다는 것은 아무 문제가 되지 않는다.

당신은 어떻게 동기를 부여하는가? 지금 당장 펜과 종이를 준비해 당신이 감사하게 여기고 있는 것들을 적어 보라. 다음 차례로 당신이 가지고 싶은 것들을 열거해 보라. 그런 후 어떻게 하면 그런 것들을 얻을 수 있는지 스스로에게 물어 보라. 당신을 격려하고 고무시켜 주는 책을 읽을 수도 있을 것이며, 더 많은 교육을 받고 인간관계를 새롭게 발전시킬 수도 있다. 하지만 기억하라, 논리가 변화를 가져다주는 것이 아니라 행동이 변화를 가져온다는 사실을.

우리는 분명 해야만 하는 일임에도 불구하고 그것을 하고 싶지 않을 때가 있다. 하지만 막상 부딪혀 보면 미처 알지 못했던 재미있는 일도 있다는 것을 발견하게 된다. 문제는 첫 단계에서 착수하는 일이다.

연설가 조 사바는 '위대한 출발이 아니라 위대해지기 위해서 출발한다.' 라는 명언을 남겼다. 첫 단계는 두 번째 단계를 좀더 쉽게 만들어 주고 가속이 붙게 한다.

자, 첫발을 내딛자!

525,600분

Staying Up, Up, Up in a Down, Down World

1년은 525,600분이다. 당신은 이 많은 시간을 어떻게 활용하고 있는가? 시간이 없다는 진부한 핑계를 대기 전에 잠깐 짬을 내 운동을 시작하자.

제임스 M. 리페 박사는 포춘지가 선정한 500명의 최고 경영자들을 조사해 그 결과를 자신의 저서 『성공을 위한 건강』에 밝힌 바 있다. 그는 조사를 통해 밝혀진, 최고 경영자들이 다른 사람들보다 세 배나 더 운동을 많이 한다는 사실에 매우 놀랐다고 한다. 그들 중 2/3은 운동이 스트레스를 덜어 주고 건강과 생산성을 향상시켜 준다고 말했다.

포춘지가 선정한 500대 기업의 최고 경영자는 아니지만, 나 역시 바쁜 와중에도 규칙적인 운동을 함으로써 힘을 기르고 건강을 향상 시키며 몸무게와 콜레스테롤 수치를 조절하고 있다.

"제대로 식사를 할 시간이나 있는 겁니까?"라는 어리석은 질문을 하는 사람은 없다. 이 질문에 대한 답은 너무나도 분명하기 때문이다. 시간이란 내는 것이다. 운동도 마찬가지이다. 전문가들은 일주일에 20분만 걸어도 건강 증진에 놀라울 정도의 효과를 가져온다고 말한다. 25년 전 운동을 시작한 이후 나의 생산성은 더욱 향상됐다. 운동은 나로 하여금 시간을 제대로 인식하게 해주고, 시간을 더 잘 조직해서 쓰도록 도와준다. 매 순간순간은 너무나 중요하다. 그래서 나는 어떠한 순간도 절대 허비하지 않는다.

나는 여러분들의 하루 일정에 운동 시간을 끼어 넣기를 적극 권장한다. 그것이 당신의 건강과 조직화 능력에 얼마나 많은 도움이 되는가는 아무리 강조해도 지나침이 없다. 여러분들이 자신의 시간을 계획해서 쓰지 않는다면 누군가가 그 시간을 가로채어 갈 것이다.

운동하는 시간을 포함해서 시간 사용 계획을 세워라. 그러면 여러분들은 삶의 모든 부분에서 더 뛰어난 역량을 발휘하고 인생에서 더 많은 축복을 받게 될 것이다.

성공의 씨앗을 심어야
성공의 열매를 맺는다

Staying Up, Up, Up in a Down, Down World

코넬 의과대학의 정신과 의사 피터 마죽은 임신한 여성들의 자살률에 관한 흥미로운 연구 결과를 발표했다.

그는 1990년에서 1993년 사이에 자살한 315명의 뉴욕 여성들 중 임신 중이었던 여성은 단지 6명뿐이라고 말한다. 이 결과는 그가 자살에 대한 다른 여러 자료를 토대로 예상했던 수치보다 무려 70%나 낮았다.

마죽 박사는 임신한 여성들의 낮은 자살률을 설명할 수 있는 심리적 요소가 있다고 주장하면서 두뇌 화학 물질인 세로토닌이 그 역할을 수행한다고 말했다. 세로토닌 수치가 낮으면 우울증과 충동적 행위를 할 위험이 매우 높은데 임신 기간 중 태아는 스스로 자신의 세로토닌 공급을 늘리고 산모는 태아의 세로토닌을 흡수한다. 〈미국 정신의학 학회지〉에서 박사는 이 화학 촉진제가 태아의 생존을 지켜주는 것이 과연 우연의 일치인지 계획적인 것인지를 논하고 있다.

　다른 연구들을 살펴보면 연설자, 교사, 혹은 설교자들로부터 영감을 주는 설교를 듣는 것이 세로토닌의 순환을 촉진한다고 한다. 그로 인해 일부 스트레스가 낮아지고, PMS^{월경 전 증후군}효과 또한 감소된다고 한다. 세로토닌에 대한 연구가 좀더 면밀히 진행되어야 하겠지만 우리가 세로토닌을 늘릴 수 있는 활동을 많이 할수록 우리의 삶은 더욱 살 만해질 것이다. 더 많이 웃고 많은 사람들에게 좋은 이야기를 들어라.

　명심해라, 유익하고 긍정적인 것을 심어 주면 그로부터 유익하고 긍정적인 것을 수확하게 된다는 것을.

희소식 – 당신도 변할 수 있다

Staying Up, Up, Up in a Down, Down World

　개인의 태도는 종종 교육, 운동, 비즈니스, 정부 등의 분야에서 어떤 일을 수행하느냐를 결정짓는 관건이 되기도 한다. 또한 비즈니스 세계에 있어서 고용주가 한 사원을 평가하는 결정적인 요소가 바로 그 사람의 태도이다.

　불행하게도 이 세상에서 긍정적인 태도를 보이는 사람들보다 부정적인 태도를 보이는 사람들이 더욱 많다. 하지만 다행히 사람은 변할 수 있다.

　심리학자인 새드 햄스테터는 다음과 같이 충고했다.

　"부정적인 말투를 긍정적인 말투로 바꾸지 않고서는 부정적인 사고방식에서 긍정적인 사고방식으로 변할 수 없다. 변하고 싶은가? 그렇다면 당신은 무엇보다 부정적인 것을 긍정적인 것으로 변화시켜야 한다."

　부정에서 긍정으로 변할 수 있는 방법은 다음과 같다.

첫째, '그래, 난 변할 수 있어. 나는 지금도 변하고 있는 중이야. 그리고 앞으로 계속해서 변할 거야.' 라는 말을 반복하면서 스스로에게 되풀이하라.

둘째, 낙관적이고 낙천적인 친구와 가족을 찾아서 그들과 많은 시간을 보내라.

셋째, 당신의 마음을 낙관적으로 바꾸어 줄 좋은 책들을 구해서 읽어보라. 그런 책들은 부정적인 사고를 벗어던지고 긍정적인 사고로 바꾸는 방법을 잘 가르쳐 준다.

넷째, 당신이 존경하고 좋아하는 연사, 설교자, 교사의 테이프를 구해서 들어라. 그들의 메시지는 당신을 고무시켜 주고 긍정적으로 만들어 줄 것이다. 테이프에 나오는 사례, 이야기, 문장 등을 완전히 외울 때까지 계속해서 들어라. 그렇게 하면 그들의 메시지가 긍정적인 자기 말로 바뀌게 된다. 노력해라, 당신은 부정적인 태도에서 긍정적인 태도로 변하게 될 것이다.

긍정적인 마음자세는 새로운 기술을 습득하는 데도 자신감을 갖게 한다. 태도의 변화는 당신의 인생을 혁신적으로 바꾸어 놓을 것이다.

긍정적으로 사고하라

Staying Up, Up, Up in a Down, Down World

어린 시절부터 나는 지겹기 짝이 없는 설교에 대한 농담을 끊임없이 들어 왔다. 그 농담들은 사소하지만 재미있고 비판적이었다. 사실, 일부 설교들은 정말로 우리를 졸리게 만든다.

'설교는 다른 사람의 꿈속에서 말하는 기술' '시작할 때의 멀쩡한 정신을 멍한 상태로 이끄는 최면제' 등의 농담은 진정 촌철살인적인 표현이다.

한 목사는 자신의 설교에 대해 이렇게 말했다.

"제가 설교하는 동안 졸고 있는 여러분들의 모습을 보면 아, 내가 이단적인 발언을 하지 않고 제대로 말하고 있구나 하는 생각이 듭니다."

정말이지 긍정적인 사고방식이 아닐 수 없다! 그들은 졸고 있는 게 아니라 뭔가 훌륭한 것을 창조하고 있는 것이다.

1974년, 미네소타 주에 있는 노스세인트폴의 한 장로교회에서 실제로 그런 일이 있었다. 당시 3M 사에 다니고 있던 아트 프라이는 설교에 집중하기가 어려워지자 어느새 백일몽을 꾸기 시작했다. 그는 늘 찬송가 페이지를 바로바로 찾는 데 애를 먹었기에 설교 시간 내내 어떻게 하면 그 문제를 해결할 수 있을까 고민했었다. 그 결과 아트 프라이가 설교 시간에 꾼 백일몽은 바로 오늘날 우리가 유용하게 쓰고 있는 Post-It이 발명되는 데 있어 큰 계기가 되었다.

아트가 자신이 설교하는 동안 무슨 생각을 했는지 알게 된 목사님의 심정은 알 수 없다. 하지만 분명 그의 회사와 전세계 수백만 사람들은 그가 설교 시간을 실용적으로 사용한 것에 기뻐했을 것이다. 그러니 혹시라도 설교 시간에 졸고 있는 사람들을 발견하거든 그가 새로운 무언가를 발명해 낼지도 모른다는 사실을 기억하자.

하지만 무엇보다 지루한 설교는 있을 수 있으나 지루한 예배는 없음을 명심하라.

살을 빼지 말고
삶의 방식을 바꿔라
Staying Up, Up, Up in a Down, Down World

1998년 3월 16일 〈USA 투데이〉지에 다이어트에 관한 특집 기사가 실렸다. 이 기사에 따르면 근 20년 동안의 시행착오를 거쳐 이제 사람들은 운동, 기적의 약, 그 어떤 보조제를 이용해도 획기적인 다이어트 방법은 없음을 깨닫게 된 것 같다. 많은 미국인들이 살빼기를 시도하지만 곧 포기하고 원점으로 되돌아온다. 심지어 좋아하는 음식을 포기하면서까지 살을 빼야 한다는 것에 우울증을 느끼며 더 극단적인 요요현상에 시달린다.

그들은 이렇게 소리친다.

"됐어! 난 차라리 먹고 싶은 것을 마음껏 먹으며 그 결과를 받아들이겠어. 결코 살찐 것을 비참해하지는 않을 거야."

하지만 그러면서 비참해한다.

이는 분명 불행한 접근 방식이다. 그러나 나 역시 여러 해 동안 그런 경험을 되풀이했기에 그들의 스트레스를 이해할 수 있다.

이제 살을 빼지 말고 삶의 방식을 바꿔야만 한다.

25년 전 나는 아주 새로운 결심을 했다. 단기간에 살을 빼려고 애쓰지 말고 생활 방식을 바꾸기로 했다. 결국 열 달 동안 분별 있게 음식을 먹으며 규칙적으로 운동을 해 14kg의 살을 뺐다. 즉 매일 46g의 살을 뺀 셈이다.

하루에 46g! 분명 이 글을 읽는 여러분들도 '나도 그 정도는 할 수 있어.'라고 투덜거릴 것이다.

'지속적으로 살을 빼주되 결코 배고프지 않게 해줄 혁명적인 방법이나 다이어트 보조제.'

대다수 살 빼려는 사람들은 이런 환상적인 광고에 속고 있다. 그런 해결책은 아직 없다. 진짜 해결책은 오로지 분별 있는 식사와 규칙적인 운동, 긍정적인 삶의 태도뿐이다.

여기 그런 방식의 엄청난 수혜자가 있다. 현재 73세인 나는 45세 때 90kg이 넘는 체중에 형편없는 건강 상태였음보다 더 오래 러닝머신을 달릴 수 있다. 맥박은 분 당 47번을 유지하고 있으며 완벽한 콜레스테롤 수치인 156에 혈압 또한 110/60이다.

내 신체적 건강은 훨씬 젊어졌고 이와 함께 생에 대한 나의 열정도 매일매일 커져 가고 있다.

변화만이 살 길이다

Staying Up, Up, Up in a Down, Down World

　사람들은 종종 변화가 가져오는 스트레스 때문에 변화를 거부한다. 하지만 끊임없이 변화하는 이 세상 속에서 변화하지 않고 그대로 있는 것이야말로 훨씬 더 스트레스 쌓이는 일이다.

　경제계를 예로 들어보면 이 사실을 확실히 알 수 있다. 1917년 발표된 미국 100대 기업 중 오직 15개 업체만이 현재까지 사업을 하고 있다. 나머지 회사들은 완전히 사라져 버렸거나 다른 기업에 인수, 합병되었다. 내가 8년 간 대표이사로 있었던 회사들 중 한 곳 역시 변화를 거부했다. 그 결과 주가가 하락하기 시작했으며 결국 다른 회사에 인수되고 말았다.

　그 회사도 처음에는 훌륭하고 참신한 제품을 팔았다. 하지만 경쟁 회사에서 신상품이 마구 쏟아져 나옴에도 불구하고 변화를 거부한 채 개발에 관심을 기울이지 않았고 결국 그 회사는 고객들에게 외면을 받았다.

부부 관계에서도 마찬가지이다. 부부들 역시 변화하기를 거부하고 서로를 탓하기만 한다면 결국 파경을 맞이하게 될 것이다.

직장을 유지하는 데 많은 어려움이 있다거나 오랜 기간 실업 상태에 있는 사람들 역시 변화하기를 꺼리는 데서부터 모든 비극이 시작된 것이다.

변화라는 단어는 '성장' 또는 '여태껏 잘못해 오던 일을 바로잡는 일'을 의미한다. 에릭 호퍼는 성장의 관점에서 본 변화에 대해 잘 설명하고 있다.

"변화의 시기에는 배우려고 하는 이들이 지구를 물려받는다. 이미 배운 것에만 집착하는 사람은 더 이상 존재하지 않는 세상에 대해서만 알고 있는 것이다."

이에 대해 탐 피터스는 이렇게 덧붙였다.

"끊임없이 스스로를 재무장하는 사람만이 앞으로 다가올 미래에 직장을 유지할 수 있다."

끊임없이 변화를 추구하고 성장하는 자만이 스트레스에서 벗어나고 직업 안정성을 획득할 수 있다.

찰스 고우의 말을 명심해야 한다.

"삶의 두 가지 중요한 법칙은 성장과 소멸이다. 성장하기를 멈출 때 우리는 죽기 시작한다. 이것은 사람, 사업, 한 국가 등 어디에나 적용되는 법칙이다."

원하는 것 Vs 해야 하는 것

Staying Up, Up, Up in a Down, Down World

"빨리 답변을 드리지 못해 죄송합니다. 그간 정말 정신없이 바빴답니다."

이 말은 아마도 사람들과의 만남에 있어서 우리가 가장 흔히 쓰는 변명일 것이다. 우리는 정말로 과거 그 어느 때보다도 더 바쁜 삶을 살고 있는가? 꾸준히 일지를 기록한 만 명의 사람들을 상대로 조사해 본 결과, 그들은 평균 한 주 당 마흔 시간을 자유롭게 쓰고 있었다. 이 시간은 사실상 삼십 년 전보다 자유시간이 훨씬 더 많아졌음을 의미하며 실제로 1975년과 대비했을 때 5시간이 늘어났다.

그러나 우리는 우리의 여가시간을 소비할 선택의 폭이 너무 많아진 나머지 정말로 즐거움을 줄 수 있는 일에 제대로 시간을 할애하지 못하고 있다. 이와 더불어 여가시간에 너무 많은 중요성을 부과한다. 〈U. S 뉴스 앤 월드 리포트〉에 따르면 미국인의 49%가 더 이상 일을 강조하기보다 자유시간의 가치를 좀 더 중시할 필요가 있다고 생각하는 것으로 드러났다.

나는 우리가 일에 집중할 수 있는 능력을 상실했기 때문에 오늘날 이런 결과가 나타난 것으로 확신한다.

사람들은 직장에서 집안일에 대해 너무 많은 생각을 하고, 가정에서는 직장에 대해 너무 많은 생각을 하면서 시간을 낭비한다. 이렇게 여덟 시간 동안 직장 일에 초점을 맞추는 것이 불가능하게 됨으로써 우리의 마음을 자연스럽게 여러 가지 일들에 관한 생각으로 산만해진다.

당신은 가장 중요한 것을 가장 주요한 것으로 지켜야만 한다.

직장에서 일을 할 때 가장 중요한 것은 직장의 일이다. 가정에 있을 때 가장 중요한 것은 가족이다. 당신은 자신의 사고를 스스로 통제할 수 있어야 한다. 그렇게 함으로써 직장과 가정에서 보다 행복한 생활을 영위할 수 있을 것이다.

청교도 인을 본받자

Staying Up, Up, Up in a Down, Down World

오랫동안 뉴잉글랜드 초기 정착민인 청교도인들은 완고하고 인색하다는 평을 받아 왔다. 나는 이 편협한 논평에 화가 난다.

몇 년 전 나는 데이비드 마누엘과 피터 마셜의 「빛의 영광」이란 책을 읽었다. 데이비드와 피터는 이 책을 쓰기 위해 예일과 하버드 대학에 소장된, 꼼꼼하게 손으로 쓰인 수백 권의 청교도 설교 원본을 읽었다. 그들은 이 연구를 통해 우리가 오해하고 있는 청교도인들에 대한 올바른 상을 그려냈다.

청교도인들은 황금률^{자기가 대접받고 싶은 대로 남을 대접하라}을 실천했으며 불운한 사람들과 무엇이든 공유했다. 결코 많이 가져서가 아니라 단지 서로를 돕기 위해.

또 다른 책으로 위튼 대학의 르랜드 라이큰이 쓴 「세속의 성인들」이 있다. 이 책에 따르면 청교도주의란 혈기왕성하고 높은 교육을 받는 운동임을 알 수 있다. 청교도인들은 케임브리지 대학을 부흥시켰고 매사추세츠 베이에 식민지를 건설한 지 6년 만에 하버드 대학을 세운 장본인들이었다.

1998년 3월 4일자 〈월스트리트 저널〉은 청교도인들은 결혼 관계 안에서의 성생활을 찬양했었다는 기사를 실었다. 윌리엄 고그는 결혼의 가장 필수적인 행위인 섹스를 기쁘게, 유쾌하게, 그리고 기꺼이 즐겨야 한다고 주장했다. 실제로 당시의 한 집회에서는 아내에게 성적으로 게을렀던 사람을 파문하기도 했다.

내가 도달한 결론은 다음과 같다.

만일 우리가 청교도인들의 이런 생활 태도를 따른다면 우리는 더욱 행복한 결혼 생활을 유지하게 될 것이고, 나아가 더 많이 웃고 더 많이 감사하며 살게 된다.

'준비'가 가져다 준 웃음

Staying Up, Up, Up in a Down, Down World

오하이오 주 미케닉스버그의 로저 모리스는 1994년 10월, 회사의 감원 정책으로 실직을 당했다. 그는 운 나쁘게 희생된 자신의 처지를 한탄했다. 그리고 6주 동안의 구직 활동을 통해, 그는 면접을 보러 오라는 두 통의 전화를 받았다. 그 중 하나는 그가 거의 알지 못하는 분야였고, 다른 하나는 그가 해 왔던 일과 비슷한 분야였다.

경험 부족 때문에 로저가 첫 번째 직장을 얻을 수 있는 기회는 거의 없었다. 하지만 그는 정말로 직장을 원했다. 그래서 그는 투덜거림을 멈추고 직장을 얻기 위한 준비를 시작했다.

로저는 우선 첫 번째 면접을 두 번째 면접을 위한 예비단계로 간주했다. 그리고 두 직장 모두에 필요한 자질을 배우기로 결심했다. 그는 그것을 하루에 몇 번씩 반복하고 암기하면서 레스 기블린의 『사람 다루는 기술』 중 '어떻게 하면 좋은 첫인상을 줄 수 있는가' 라는 장을 거듭해서 읽었다. 이런 정보와 자기최면은 그에게 자신감을 부여해 주었다.

첫 번째 면접은 무사히 잘 끝났다. 그리고 두 번째 면접은 완벽했다. 면접이 끝날 무렵 면접관은 그에게 달리 할 말이 더 있느냐고 물었다. 로저는 심호흡을 하고 말했다.

"만약에 저를 뽑아만 주신 다면 회사를 위해 최선을 다하겠습니다."

그는 자신이 면접에 성공했음을 알았다. 그로부터 한 주가 지난 뒤, 로저는 기다리던 합격 통보 전화를 받았다.

그는 준비로 인해 모든 것이 달라졌다고 말한다. 그 사실을 터득한 로저 모리스는 요즘 웃을 일이 많아졌다. 만약 로저가 했던 것처럼 열심히 준비한다면, 당신에게도 웃을 일이 더 많이 찾아올 것이다.

서로의 얼굴을 마주 보며 웃어라

Staying Up, Up, Up in a Down, Down World

미국은 이제 두 쌍 중 한 쌍이 이혼을 하는 시대이다. 이는 잘 알려진 사실이다. 그러나 이것이 진짜 사실일까, 아니면 왜곡된 통계 자료일까?

사람들은 통계 자료를 이용해 자신이 남들과 다르지 않다고 생각하며 안도감을 느낀다. 분명 50%의 이혼율이란 이혼을 덜 위협적으로 여기게 만들며 자신이 이혼해도 이상할 게 없다는 심리적 방어벽을 만듦으로써 이혼을 조장한다.

그러나 미 국세조사국Census Bureau의 최근 자료를 보면 이런 통계 치에 결정적인 오류가 있었음이 명명백백해진다.

통계학자들은 새로운 방식에 의해 이혼을 한 사람들과 현재 결혼 생활 중인 사람들을 추적해 조사했다. 그 결과 상당히 흥미로운 정보가 드러났다. 이 조사에 따르면 결혼한 사람 중 단지 20%미만만이 이혼을 했다. 50%라는 수치에는 두 번, 세 번, 네 번 심지어 다섯 번 이상 이혼했던 사람들이 포함되어 있었기에 이 믿을 수 없는 왜곡 현상이 일어났던 것이다.

결국 두 쌍 중 한 쌍이 이혼하는 게 아니라 다섯 쌍 중 네 쌍은 결혼생활을 계속 유지하고 나머지 한 쌍만이 이혼을 여러 번 반복한다는 결론이 나온다.^{자료에 따르면 한 번 이혼했던 사람은 두 번째 이혼을 할 가능성이 높아진다. 재혼 이혼율이 초혼 이혼율보다 월등히 높다.}

신중하게 연애를 한다면 결혼을 유지시킬 가능성이 증가될 수 있다. 결혼하기 전 2년 혹은 그 이상의 기간 동안 데이트를 해 상대방뿐만 아니라 그의 가족까지 알아두어야 한다. 결혼해서는 매일 서로에게 진심에서 우러나오는 칭찬을 해주고 주기적으로 대화하는 습관을 길러라. 삶을 웃음으로 대하고 서로의 얼굴을 마주 보며 웃어라. 항상 친절하고 사려 깊으며 신중해라.

아내들이여, 단골 미용사에게 친절히 대하듯 남편에게도 그만큼만 친절하게 대해라. 남편들이여, 길을 묻는 낯선 이들에게 친절하게 대하듯 아내에게도 그만큼만 친절하게 말을 건네라.

여기에 어떤 나쁜 일이 생기더라도 결혼 생활을 계속 유지시키겠다는 서약을 해라.

본래의 의도를 잃지 말라

Staying Up, Up, Up in a Down, Down World

성 패트릭 데이[3월 17일]는 아일랜드에 기독교를 전파한 패트릭 수도승을 기념하고 축하하는 날이다. 하지만 이제 미국에서 이 날은 술에 취해 흥청망청 대는 날로 인식되고 있다.

존 랭의 기사에 따르면 "불행히도 성 패트릭 데이는 미국에서 가장 치명적인 날 중 하나가 되었고 성스러워야 할 성인의 날을 술에 취해 가장 성스럽지 못하게 지내고 있다."라고 말한다.

이날의 음주 관련 교통사고 사망률은 일 년 중 가장 높으며 자동차 사고 중 63%가 과음 때문에 일어난다. NHTSA[전국고속도로교통안전국]의 자료를 보면 그 심각성을 확실히 알 수 있다. 자료에 따르면 새해 52%, 독립기념일 47%, 추수감사절 46%, 평일 40%의 음주 관련 교통사고가 일어난다고 한다.

우리가 공휴일, 기념일이라고 술을 엄청 마시고 흥청망청 놀아댄 결과가 바로 이것이다.

본래의 의도를 잃지 마라. 새해에는 새로운 한 해의 계획을 세우는 날이다. 술 마시며 한 계획이 얼마나 잘 실행되겠는가? 또한 추수감사절은 한 해의 수확에 감사하고 가족과 함께하는 날이다.

1828년도 판 노아 웹스터 사전에서 '축하하다'란 말의 의미를 찾아보면 다음과 같다.

'엄숙한 의식에 따라 칭송하고 기리며 훌륭하게 하는 것이고, 기쁨과 존경어린 표정과 의례에 따라 명예롭게 하고 고귀하게 하며 그것을 계속 유지하는 것.'

술 마시고 흥청거리는 것에 대해서는 아무 언급도 없다.

나는 우리가 축일의 본래 의도에 따라 술을 마시지 않고 축하한다면 더 오래 살고 더 많은 것들을 축하하게 될 거라고 확신한다.

성공으로 향하는 좁은 길

Staying Up, Up, Up in a Down, Down World

대다수 사람들은 평생을 통해 안정된 삶을 추구한다. 하지만 막상 안정된 삶이 주어졌을 때 무슨 일이 일어나는가?

하와이에 있는 오아후 섬의 지혜는 우리에게 그 해답을 제시하고 있다. 호놀룰루를 벗어나 북쪽으로 뻗은 팔리 고속도로를 타고 가다보면 어느새 팔리 패스를 통과하게 된다. 그리고 팔리 패스에서 파크스트리트를 끼고 우회전을 하면 안정된 삶easy street에 도달하게 된다. 거기서 좌회전을 해서 한 블록을 더 가게 되면 막다른 골목dead end이라는 표지판과 마주친다.

인생에서 안정된 삶을 추구하는 사람들은 대체로 그 행선지의 마지막에 놀라곤 한다. 인생에는 오르막길이 있으면 내리막길도 있고 정말로 힘든 고개도 있다. 우리는 많은 난관을 극복했을 때 비로소 평탄한 길로 들어서게 된다.

세일즈맨으로서 그리고 세일즈 트레이너로서 나는 난관이

우리에게 많은 가르침을 준다는 사실을 알게 되었다. 이미 물건을 구입할 마음을 가지고 있는 고객을 만나서 계약을 성사시키는 것은 어렵지 않은 일이다. 이런 거래에서 우리가 배울 수 있는 것은 아무것도 없다. 반면에 여러 가지로 불만도 많고 왜 자신이 이 제품을 사지 않는지에 대해 정당한 이유를 가지고 있는 고객을 대하게 되면 우리는 좀더 많은 것을 배우게 된다.

즉, 세일즈에 있어서 자신의 대처법 등을 새롭게 정립하게 되며, 그로 인해 우리는 성공에 다다르게 된다.

성경에는 다음과 같은 말이 있다.

'좁은 문을 통해서만 천국에 이를 수 있다. 지옥으로 이르는 길은 넓고 편안하다. 그러나 우리를 생명으로 인도하는 길은 작고 좁다. 그 길을 발견하는 사람은 많지 않지만, 신은 그 좁은 길을 걷는 자에게 영광을 약속한다.'

남을 돕는 것은 결국 남는 장사

Staying Up, Up, Up in a Down, Down World

1998년 4월 13일 자 〈댈러스 모닝 뉴스〉지에는 펩시 사의 로저 엔리코 대표이사가 연봉 6만 달러 이하의 직원 자녀들에게 장학금을 지불하기 위해 자신의 일 년치 연봉을 기증했다는 기사가 실렸다.

그의 선행에 대해 일부 냉소적인 사람들은 이렇게 말할지도 모른다.

"그래 그는 엄청난 부자자나. 조금쯤은 남을 위해 써도 당연한 거 아냐."

사람들은 누구나 눈에 보이지는 않지만 '내가 중요한 사람이란 걸 느낄 수 있도록 아첨을 해봐.' 라는 식의 권위적인 태도를 지니고 있다고 한다. 이런 상황에서 자신이 일하는 회사의 총수가 직원들은 물론 그들의 아이들까지 도우려 하는 모습을 접했을 때, 펩시 직원들의 심정이 어땠을지는 충분히 상상이 간다.

나는 대표이사가 자신의 연봉을 직원 자녀들의 장학기금에 기증함으로써 펩시 사의 직원들이 회사 일에 최선을 다하게 되고 또 그로인해 직원들의 생산성도 증가하게 될 것이라는 지적에 동의한다. 증가된 생산성과 회사에 대한 직원들의 헌신은 모든 회사와 조직들의 골칫거리인 이직률을 감소시킬 것이다. 또한 회사 전체의 이익을 증대시키고, 궁극적으로 대표이사인 엔리코에게도 이익이 된다.

즉, 그는 작은 선행으로 많은 것을 얻게 되는 것이다.

그렇지만 나는 엔리코가 자신의 이익을 위해 연봉을 기탁한 게 아니라는 것을 확신한다. 그는 단지 그것이 자신이 할 수 있는 일이고, 또 그렇게 하는 것이 올바른 일이기에 그랬던 것이다.

엔리코 장학금 기탁은 펩시 사는 물론이고 다른 기업체에서 일어났던 그 어떤 일보다 더 큰 긍정적인 반향을 불러일으켰다. 또한 펩시 직원들에게 희망을 안겨 주고, 사람들의 기운을 북돋워 주었다.

이렇듯 희망은 보이지 않는 것을 보이게 만들어 주고 만져지지 않는 것을 느낄 수 있도록 해주며 불가능한 것을 성취하도록 해준다.

도저히 믿어지지 않는 이야기

Staying Up, Up, Up in a Down, Down World

    가브리엘 헤르스테트는 1997년 B. C. 오픈에서 우승한 훌륭한 골프선수이다. 그가 1998년 아우구스타의 마스터즈 토너먼트에 참가하기까지는 어떤 할리우드 극작가도 상상할 수 없을 만큼 험난한 과정을 거쳐야 했다. 그의 성공 스토리는 보통 사람으로서는 도저히 극복하기 힘든 고난을 이겨낸 희귀한 사례에 속한다.

    1995년 그는 병명을 알 수 없는 턱 질환으로 인한 발작적인 공포와 우울증으로 유럽 PGA투어에 불참했다. 그러던 어느 날 목에 알 수 없는 경련이 일어났다. 병원에서는 아무런 원인을 발견할 수 없었음에도 고통은 몇 달 동안 지속되었다. 그는 너무도 겁에 질린 나머지 골프 연습은 물론이거니와 아무것도 할 수 없었고 절망과 우울증에 시달렸다.

    그리고 몇 년 뒤, 의사는 하악골이 탈구되었고 그로 인해 아래

턱의 기능부전이 초래되어 수술을 해야 한다는 진단을 내렸다.

그는 그 모든 고통을 이겨내 다시금 우뚝 섰다. 그에게 닥친 모든 고난이 그를 단련시키고, 끈기와 결단력과 결합해 그를 강인하게 만들었다. 마침내 그는 필드로 되돌아왔으며, 골프선수에게는 명예의 전당이라 할 수 있는 B. C. 오픈에서 승리했다. 그로 인해 그는 마스터즈 토너먼트에 참가할 수 있는 자격을 얻게 되었다.

가브리엘은 홈리스였다. 또한 정서적인 문제와 신체적인 장애로 인해 심각한 우울증에 빠진 사람이었다. 그런 그가 토너먼트에 출전한 사실은 우리 모두에게 희망을 주었다. 누구나 인생에서 직면하는 어려움을 극복하고 마침내 경이로운 것을 성취할 수 있다는 희망을.

젊은 가슴으로 살아라

Staying Up, Up, Up in a Down, Down World

텍사스 주 그린빌의 루이스 여사는 자신의 백 회 생일을 축하하는 자리에서 '하마터면 죽을 뻔했다.'라는 농담을 하면서 미소 지었다. 그날 그녀는 약 3백 명의 친척들과 이웃들의 축하를 받았다. 또한 백악관에서 축하 카드를 받았으며, 월러드 스콧은 〈투데이 쇼〉에서 그녀에 대해 언급하기도 했다.

루이스 여사는 1916년 초등학교 교사 일을 시작한 이래 거의 한 세기 동안을 교육계에 몸담아 왔다. 그녀는 결혼 후 세 명의 자녀를 키우면서 텍스트 주립 교육 대학에서 학사 학위와 석사 학위를 받았다. 그녀의 남편은 오랜 세월 병을 앓다가 1966년 사망했다.

또한 그녀는 1960년 〈셀레스트 쿠리어〉라는 신문에 칼럼을 쓰기 시작해 지금은 〈레나드 그래픽〉의 칼럼니스트로 활동하고 있다. 그린빌에서 발행되는 이 신문의 판매 부수는 1,100부정도인데, 그 신문을 읽는 대다수 사람들은 루이스 여사가 과연 다음에는 무엇을 쓸까가 궁금해서 신문을 본다고 말한다. 그녀는 비상한 기억력과 지역 사회에 관한 방대한 지식으로 모든 사람들을 놀래게 만들었다. '루이스 여사가 쓰다' 라는 그녀의 칼럼은 셀레스트 주민 973명에게 맞추어져 있다.

1990년 루이스 여사는 셀레스트에 있는 자신의 집을 처분하고, 그린빌에 있는 양로원으로 들어갔다. 그녀는 계속해서 칼럼을 쓰면서, 셀레스트 감리교 신도로서 열심히 활동했고 또한 그 지역 사회 커피클럽 회원으로 1998년 101세의 나이로 세상을 떠나기 전까지 셀레스트 퍼스트 내셔널 뱅크에서 매 주마다 클럽 회원들과 만났다.

나는 루이스 여사의 이야기에서 고무받은 게 많다. 어떤 이들은 예순이라는 나이에 스스로를 이미 노인이라고 생각하고 자신이 만들어 놓은 틀에 갇혀 누릴 수 있는 많은 것들을 놓치고 만다. 그러나 그녀는 젊은 가슴을 가지고 101세가 될 때까지 헌신하는 삶을 살았다.

웃음을 잃어서는 안 된다

Staying Up, Up, Up in a Down, Down World

미국 야구팬이라면 누구나 메이저리그에서 활약한 최초의 흑인 선수, 재키 로빈슨에 대해 잘 알고 있을 것이다. 대학 시절 재키 로빈슨은 미식축구, 야구, 농구 3경기의 스타였다.

재키를 눈여겨 본 브랜치 리키는 재키에게 메이저리그에서 활약할 기회를 제공하면서 그가 이제부터 마주하게 될 모든 도전에 대해서 경고했다. 그러면서 그에게 경쟁심을 세심하게 통제하고, 특히 경쟁의 열기에 휩쓸려 자제심을 잃는 일이 없도록 스스로를 관리하라고 충고했다. 그렇게 리키는 재키에게 그가 겪게 될 인종차별적인 비방과 온갖 종류의 편견에 대해 경고했다. 그러나 재키는 자신에게 주어진 기회를 역사로 만들면서 중요한 선례를 세웠다.

수많은 책들에서처럼 나머지 이야기는 역사가 되었다. 재키 로빈슨은 메이저리그 최초의 흑인선수일 뿐만 아니라 여러 기록들을 수립한 훌륭한 선수이기도 하다. 그러나 많은 이들이 재키 로빈슨이 가진 독특한 유머감각에 대해서는 잘 모르고 있는 것 같다.

첫 출근날, 그는 아내에게 작별 인사를 하면서 "오늘 야구장에 나오면 틀림없이 날 알아볼 거요."라고 말했다. 그리고 잠시 후 "내 번호가 42번이거든."이라고 덧붙였다.

말년에 재키 로빈슨에게는 빛나는 영광과 함께 웃을 일도 많았지만, 초년 시절에는 도전도 많았고 요구도 많았다. 그는 자신의 목적을 이루었고, 메이저리그 역사상 가장 존경받는 선수들 중 한 사람이 되었다. 그리고 그 과정에서 그는 수백만의 팬들에게 웃음과 감동을 선사해 주었다.

무엇을 하기에 너무 늙은 나이란 없다

Staying Up, Up, Up in a Down, Down World

조지 다우슨은 1898년 1월 18일에 태어났다. 그는 불과 여덟 살 때부터 일을 시작했다. 열두 살이 되었을 때 그의 아버지는 이 어린 아들을 백인 가정에 일을 보냈다. 조지의 남동생과 여동생들은 최소한의 학교 교육은 받았지만, 8남매의 장남으로 일찌감치 일을 해야만 했던 조지는 학교에 갈 수 없었다. 그는 1926년 결혼했고 다음 해인 1927년에 한 아이의 아버지가 되었다.

조지는 나무 패기, 목재소 일, 제방 쌓기 등등의 온갖 종류의 궂은일을 전전하며, 98세의 나이까지 문맹으로 살았다. 그는 다른 사람이 지불해 주는 임금을 그대로 받았고, 아내가 읽어 주는 세금계산서를 그대로 믿었다.

1996년, 그의 나이 98세 때 고기잡이에 싫증이 난 조지는 읽는 법을 배우겠노라고 결심했다. 선생이 여섯 개의 문자부터 교육을 시작하려고 하자 그는 선생을 가로막으면서 말했다.

"나는 모든 문자를 다 배우고 싶다네."

그렇게 조지는 하루하고도 반나절 만에 알파벳을 전부 배웠다. 한 달이 지날 무렵에는 자기 이름을 쓸 수 있게 되었으며, 2년이 지난 뒤에는 3학년 정도의 책을 읽게 되었다. 또한 교회에서 큰 소리로 성경을 낭송할 수도 있게 되었다.

이제 그는 백 살이다. 그런데도 여전히 그는 인생에 흥미를 가지고 배우기를 게을리 하지 않는다.

여든 살이나 아흔 살의 '소년'들이여, 배우기를 멈추지 마라. 우리가 조지 다우슨에게 얻을 수 있는 교훈은 바로 이것이다. 계속해서 배워라! 그로 인해 인생이라는 여행길에서 당신은 더 많은 재미를 맛볼 수 있을 것이다.

정신과 의사인 스마일리 블랜튼 박사는 나이에 상관없이 다음의 세 가지를 하는 사람들은 노인성질환에 걸리지 않는다고 말한다.

첫째, 육체적으로 적극적인 활동을 하는 사람
둘째, 정신적인 성장을 위해 노력하는 사람
셋째, 다른 사람들에게 진정으로 관심을 갖는 사람

이런 일들을 하면 나이와 상관없이 젊음을 유지할 수 있다.

프랭크 미너스 박사는 알츠하이머가 질병이라는 사실에 동의한다. 하지만 대부분의 노인성질환은 오랜 세월 동안 나약하고 게으른 선택의 결과라고 말한다. 읽고 배우고 성장하기를 멈추지 마라. 당신의 인생이 진정으로 풍요롭고 보람차게 될 것이다.

삶의 기회는 스스로가 만드는 것이다
Staying Up, Up, Up in a Down, Down World

엔젤 게이는 오른쪽 다리가 없다. 그녀는 오직 기형적인 왼쪽 다리만을 가지고 태어났으며, 팔꿈치에서 손목에 이르는 뼈도 없고, 오른손에는 손가락이 한 개뿐인 선천성 수축 증후군 환자이다.

그녀를 담당했던 의사들은 모두 한결같이 그녀가 결코 걷거나 뛸 수 없다고 말했다. 그렇지만 그녀는 현재 팜 비치 레이크 주니어 대학의 소프트볼 팀 투수로 활약하고 있다. 준엄한 결심과 더불어 오른쪽 무릎에 붙인 인공 다리와 유머감각, 그리고 그녀의 밝은 심성이 오늘날 그녀로 하여금 많은 어려움들을 극복하게 했다.

더 나아가 그녀는 팀 전체뿐만 아니라 그녀를 아는 많은 사람들에게 커다란 자극이 되었다.

좌익수 에이프릴 위자로스키는 이렇게 말했다.

"그녀는 나에게 마음먹은 것은 무엇이든지 얻어낼 수 있다는 사실을 가르쳐 주었어요. 그녀는 원하는 것을 잡기 위해 온몸을 내던져 달리죠. 엔젤은 우리의 눈을 뜨게 해주었답니다."

물론 걷고 뛰는 등의 행위는 그녀에게 고통을 수반한다. 그러나 그녀는 자신이 할 수 있는 최선을 다해 달린다. 실제로 그리 빠르지도 느리지도 않지만, 그녀의 그런 모습과 삶의 자세는 그녀 자신에게 새로운 삶의 기회를 주었다. 또한 자신의 동료들과 지역 사회에 그들이 되어야 하는 것과 해야 하는 것을 할 수 있도록 각성시켰다.

엔젤 게이의 삶의 자세를 받아들여라. 기회는 스스로가 만들어 나가는 것이지 절대 당신을 기다리고 있지 않다.

불운은 행운이 될 수도 있다
Staying Up, Up, Up in a Down, Down World

해럴드 S. 쿠시너는 『왜 착한 사람에게 나쁜 일이 일어날까』라는 베스트셀러를 썼다.

진짜 왜 착한 사람들에게 나쁜 일이 일어나는 걸까? 종종 너무도 착하고 바르게 살며 남을 위해 봉사하는 사람들에게 우리가 도저히 이해할 수 없는 나쁜 일들이 일어나곤 한다. 촉망받던 운동선수가 어느 날 갑자기 자동차 사고를 당해 심각한 부상을 입거나, 또 어떤 이들은 너무도 사랑하는 사람들을 남겨놓고 갑작스런 질병으로 생명이 위독해지기도 한다.

도대체 왜 신은 이토록 이해하기 힘든 상황이 일어나도록 내버려두는 것일까?

하지만 신은 절대 우리를 그냥 방치하지 않는다. 우리는 신의 손길이 종합적이고 절대적이며 궁극적임을 이해할 필요가 있다.

기독교인이 아니라도 요셉의 이야기는 다 알고 있을 것이다. 동생에 대한 질투심에 눈이 멀어버린 형들은 요셉을 이집트 노예 상인에게 팔아넘긴다. 요셉은 형언할 수 없는 갖은 고생과 고난을 겪은 후 파라오의 신임을 받게 되었다. 어느 날 파라오는 신비로운 꿈을 꾸게 되고 요셉은 그건 7년의 대풍년 뒤에 7년의 대흉년이 든다는 꿈이니 미리부터 대비해 두어야 한다고 해몽해 주었다.

요셉의 해몽으로 많은 사람들이 흉년에 목숨을 구할 수 있었다. 그리고 얼마 후, 굶주린 가족을 위해 형들이 곡식을 사러 이집트로 왔다. 그러자 요셉은 자신의 정체를 밝히며 이렇게 말했다.

"형님들은 악한 의도를 가지고 저를 해하려 하셨지만, 신은 그것을 선한 의도로 사용했습니다."

요셉이 노예로 팔려가지 않았다면 자신의 가족들뿐만 아니라 무수히 많은 사람들이 굶어죽게 되었을 것이다.

위대한 소명을 가진 사람치고 수많은 난관에 봉착하지 않았던 이는 없다. 우리는 이런 어려움을 헤치고서야 비로소 더 높은 곳을 향해 나아갈 수 있는 능력을 개발시킬 수 있다.

내가 성공할 수밖에 없는 이유

Staying Up, Up, Up in a Down, Down World

- 나는 승리자이기 때문에 성공할 것이다.
- 내가 배운 모든 교훈이 나로 하여금 도전과 대적할 수 있도록 단련시켰기 때문에 나는 성공할 것이다.
- 나는 성공하기를 원하며 사람들이 날 믿어 주고 신뢰하기 때문에 성공할 것이다.
- 성공이 나로 하여금 더 크고 더 나은 사람이 되도록 도와주기 때문에 나는 성공할 것이다.
- 내가 무엇을 해야만 하는지 누구보다 잘 알기 때문에 나는 성공할 것이다.
- 나의 가족이 내 성공의 근거이기 때문에 나는 성공할 것이다.
- 성공은 내가 내 아이들에게 물려줄 수 있는 가장 중요한 유산이기 때문에 나는 성공할 것이다.

- 나는 지금까지 성공해 왔으며 앞으로도 계속 성공할 것이다.
- 내 삶에서 도전의 범위를 넓혀 온 나는 반드시 성공할 것이다.
- 나에게는 나를 사랑하고 도와주는 가족과 친구들, 그리고 친지들이 있기 때문에 성공할 것이다.
- 나는 젊고 건강하고 정력적이기 때문에 성공할 것이다.
- 성공을 위한 나의 계획은 유동적이며 성공에 대한 나의 목마름을 달랠 수 없기 때문에 나는 성공할 것이다.

이 모든 문장에 '만약~한다면……' 이라는 가정 문구나, '이제부터 무엇을 할 작정이다.' 는 문장이 없음을 당신도 알아챘을 것이다. 지금 당장 여기에 있는 모든 개념을 당신의 것으로 받아들여라.

역자후기

험난한 세상에서 '성공하기 위해'
치열한 경쟁사회에서 '정상에 오르기 위해'
험악한 세상에서 '1인자가 되기 위해'
어떻게 해야 할까.

매사에 지혜롭게 현명하게 처신하려면
내 가족이 행복하려면
내 회사가 성장하려면
어떻게 해야 할까.

그리고,
내 자신은 물론
내 직장 부하직원과 동료들에게
끊임없는 동기부여를 하기 위해

내 고객에게 최상의 서비스를 하기 위해
상대방에게 좋은 이미지를 심어 주기 위해서는
어떻게 해야 할까.

세계적인 명 연설가이자 동기부여가로 이미 정평이 나 있는 지그 지글러가 『시도하지 않으면 아무것도 할 수 없다』를 발표한 이후 새롭게 선보인 이 책이 다시 한 번 한국에 상륙했다. 한국 독자들에게 끊임없이 사랑받고 있는 지글러가 이번에 내놓은 신간은 그가 늘 화두로 삼고 있는 '정상'과 '성공'을 이번에도 역시 기본 골격으로 삼았다. 그러나 이전과는 다른 차별성이 존재한다. 바로 핵심 아이디어를 더욱 풍부한 우화와 다양한 에피소드를 통해 독자들이 받아들이기 쉽도록 구성한 것이다.

사람은 누구나 자신이 최고가 되기를 원한다. 그리고 그 방법 또한 알고 있다. 다만, 그것을 이루기 위해 최선을 다하지 않을 따름이다.

 아무런 시도 없이 언제까지 이대로 머물 것인가. 지글러는 자신이 다른 사람들에게 동기부여를 할 때 관련 우화를 들려주는 방식을 가장 즐겨 사용한다. 그래서 이 책에서도 그 방법을 사용하였다. 지글러가 들려주는 우화들을 차분하게 명상한다면 독자들은 서서히 변화되는 자신의 모습을 발견하게 될 것이다.

 역자는 대부분의 진리가 단순하며, 우리 가까이에 있다고 생각하는 사람 중 한 명이다. 거창하지도 않으며, 독특하지도 않고, 복잡하지도 않으며, 화려하지도 않다. 그리고 깊숙하고 먼 곳에 존재하지도 않는다.

 다시 말해, 진리는 나와 가장 가까운 곳에 있다는 뜻이다. 이 책을 읽으면서 간혹 독자들은 '특별한 것이 없네.' '누구나 다하는 얘기를 또 하고 있군.' 이라고 말할지도 모른다. 왜냐하면 이런 유의 책들이 이미 워낙 많이 소개되었을 뿐만 아니라 누구라도 이 책에서 하는 말 정도는 할 수 있기 때문이다. 그러나 중요한 것은 아무리 사소하고 하찮아 보이는 글일지라도 독자가 그 내용을 어떻게 사고하고 받아들이느냐에 따라 그 기능을 달리한다는 점이다.

 그렇다고 해서 이 책의 내용이 그저 평범하기만 하다는 의미는 결코 아니다. 특별한 내용을 읽고 특별하게 변화되는 것을 바라는 것보다는, 비록 덜 특별하고 평범한 것이라도 그 내용이 전하는 메시지를 정확히 파악하여 행동으로 옮긴다면 미래에 나타나는 결과는 크리라고 본다.

 결국, 한 권의 책이 독자를 변화시키는 것은 독자 자신에게 달려 있는 것이다. 책 자체가 사람을 변화시키는 것이 아니라, 그 책이 던져주는 아이디어를 얼마나 잘 소화해 내 것으로 만드느냐가 더 중요하기 때문이다.

  역자는 독자들이 이 책을 읽으면서, 그 내용이 전하는 메시지를 자신에게 맞는 사고와 행동양식으로 새롭게 바꾸어, 종국에는 자신이 원하는 목표지점에 도달하기를 간절히 바란다.

이구용